教職の愉しみ方×授業の愉しみ方

堀　裕嗣・宇野弘恵　著

明治図書

まえがき

宇野　弘恵

「Twitterで「#教師のバトン」と検索をかければ、教師の働き方に関する膨大な意見や訴えや愚痴が流れてきます。朝早くから夜遅くまで、休日も出勤しなくては仕事が終わらないという声。人手が足りなく、一人で何役もこなしていてもう限界だという声。授業がうまくいかない、子どもとうまくかかわれない、保護者の要望に応えきれないという声。そして、もうやめたい無理だという声。これに対抗するかのように「#小学校教員はいいぞ」「#中学校教員はいいぞ」の投稿も一時流れましたが、短い期間で姿を消しました。それほど、教職に魅力より大変さを感じている人が多いということを感じました。

こうした投稿を注意深く見ていくと、自分から教職という仕事に寄っていくことなく「大変だ」「無理だ」と叫んでいるものがあることに気がつきました。「こんなのは大学で習っていない」「誰も丁寧に教えてくれない」「保護者は無理難題を押し付けてくる、できるはずない」「管理職にきつく言われたから心が折れた」と、知らない、できない、無理！のオンパレード。

もちろん、ほんとうに大変な状況にある人も必死に頑張っても手一杯な人も、先輩教師や管理職が理不尽な場合もあると思います。部活など個人の努力だけでは解決できない問題も山積です。自死に追い込まれるようなひどい環境で頑張っていらっしゃる方もいると思います。そうではなく、自分から歩み寄らず試行錯誤もせず、コストパフォーマンスのよさばかりを追う主張には首を傾げたくなるのです。授業や生徒指導をこなすことしか頭にない主張に疑問を投げかけたくなるのです。

本来、教職は創造的な仕事です。手をかけ時間をかけ、試行錯誤しながらゆっくりゆっくり行っていく仕事です。にもかかわらず、すぐに結果を求められ失敗が許されない昨今、教師が愉しみながら仕事をする余裕がなくなりました。次々に追加される業務、教科に忙殺され、愉しむどころか一息つく暇もないという方も多いと思います。

そうであっても、やはり教師が教職を愉しめない学校に魅力はないと思うのです。子どもの学びに携わる教師が自分の仕事を愉しみ、にこにこワクワクしてこそ学校じゃありませんか。そういう環境の中で子どもは学ぶことの楽しさや喜び、働くことの愉しみを感じ取るものだと思います。そしてそれだけの愉しみがこの仕事にはあると思います。

本著は、そんな愉しみはどこにある？　どうやって愉しみを見つけたらいいの？と問うきっかけになればと思い記しました。教職をこなす仕事としてではなく、教職を愉しむ仕事として考える一助となれば幸甚です。

まえがき

堀　裕嗣

こんにちは。堀裕嗣（ほり・ひろつぐ）です。宇野さんと一緒に「教職を愉しむ」ということについて、授業づくりを中心に考えてみました。

僕も宇野さんも三十年のキャリアを積んでいますから、それなりに楽しいことも苦しいことも経験してきました。その間、「学校教育の危機」が叫ばれたことは何度もありました。しかし、現在ほど僕ら現場の教師が「危機」を実感したことはありませんでした。これまでの危機は、学校が荒れているとか、子どもの学力が低下しているとか、学級崩壊が頻繁に起こっているとか、保護者クレームが増えているとか、指導力不足教師や不適格教師が増えているとか、いずれも教師が努力することによって乗り越えられると感じられるものでした。しかし現在の問題は、教師のなり手がいないという話なのです。これは僕ら現場人がいくら努力しても乗り越えられません。僕らの手の届く範囲外のことです。これには参りました。

そんでもって、僕ら現場教師にできることは「教職の愉しさ」を語ることくらいだろうというわけです。おそらく編集者の依頼の意図もそういうことなのだろうと思います。十年前ならこんな本は成立し得なかっただろうとも思います。

でも、実際に書き始めてみて頭をもたげてきたのは、若者にわかりやすく教職の魅力を伝えるなんてことはできっこないという諦めと開き直りでした。教職ってそんなに単純なものじゃない。一時間の授業をつくるのにさえ、想定しなくてはならないことが無限にある。しかもその想定しなくてはならないことがすべて、こうすればこうなるという因果律に押し込めることができない複雑なものばかりなのです。こりゃ参ったと宇野さんと一緒に頭を抱えました。

もちろん表層的に書いてお茶を濁すことは可能です。でも、そんなものでは現状を打開することはできない。若者自身はシンプルで元気の出るものを求めているのかもしれませんが、そんなものをいくら知っても屁のつっぱりにもならない。ちゃんと語るしかないねという結論に達した次第です。だからもし教職に悩む初任の先生や教員採用試験を受けようかどうかと迷っている学生さんがこの本を読んだら、ここまでやらなくちゃいけないのかとかえって苦しくなるのかもしれません。それでも僕も宇野さんも教職を愉しんでいるという自覚はありますから、その愉しみ方を素直に正直に書くとこうなるのです。

本書が教職の在り方に悩む若手教師に、教職を志望する学生のみなさんに少しでも参考になるとしたら、それは望外の幸甚です。

CONTENTS

第3章

第4章

第1章
子どもとのかかわりを愉しむ

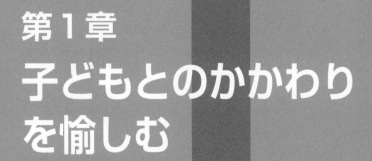

1　素の人間として向き合う

宇野　弘恵

1　いじられてなんぼ

六年生を担任していたある日の中休みのこと。数名の男子が含み笑いを携えて私のところにやってきました。

「先生、僕の言った通りに言ってください。でも、黄色とだけは言っちゃダメですよ！」

おおお、これは最近教室で流行っている「○○って言っちゃだめゲーム」だな、よしよしいっちょ遊んであげようと思い、意気揚々と挑みました。ところが、

「あか」

「あか」

「あお」

「あお」

「きみどり」

「きみどり」

「むらさきいろ」

「むらさきいろ」

「わーい、引っかかった！　先生の負け！　今、黄色って言った！」

となるべきところ、私はなぜか「きみどり」のところで、

「あか！」

と叫んでしまったのです。子どもたち、一瞬きょとん顔（笑）！で、大爆笑。泣きが入るほどの大爆笑。あああ、私はなぜ罠のないところで自爆してしまったのか……。自分でもおかしくておかしくて、子どもたちと泣きながら笑いました。


　そしてその後、「〇〇って10回言ってください」シリーズを鬼のように仕掛けられるも、ことごとく引っかかる（笑）。子どもたちからは、

「先生、しっかりしてくださいよ（笑）。こんなんじゃ、いつおれおれ詐欺に引っかかるかわかりませんよ！」

と言われる始末。遊んであげるつもりが、すっかり遊ばれてしまったのでした。


　このクラスに限らず、私は子どもたちからよくいじられます。廊下の角で待ち伏せされて驚かされたり、黒板に角を生やした鬼の形相の似顔絵を描かれたりします。二年生に助詞の「は」について教えた後に、

「宇野先生、くしゃみはかわいいですね」

とにこにこしながら言われたこともありました。机に何か細工されていたり、髪をへんてこりんに結われたりすることも日常茶飯事。

まあ、いたずらを仕掛けられたのに全く気がつかなかったり、校内で迷ったりするなど、私がドジで突拍子もないことをしでかすのですから仕方ありません。いじられるのも愛情。まったく腹など立たず、子どもたちと一緒にいじられるのを愉しんでいます。

担任がこんな感じですから、私のクラスはだいたいわいわいしています。誰かの冗談に笑ったり、ふざけて爆笑したり。みんな伸び伸びしています。

そして、担任した子たちからは、よく
「宇野先生のクラスになると、みんなアホになるよね」

と言われます。というのも、まじめだった子がふざけて人を笑わせるようになったり、おとなしかった子がのりのりで踊るようになったりするからです。正確に言うと「アホになる」のではなく、「アホになれるようになる」のだと思います。それはきっと、私が自分の欠点を笑い、いじられることを愉しんでいるからだと分析しています。

教師は、きちんと在らねば、しっかりしていなくては子どもを導けないとする節があります。しかし、教師が完全無欠であろうとすればするほど、子どもたちに「失敗してはいけない」「間違うことはダメなことだ」とバイアスを掛けてしまっている可能性があります。完璧であらねばならぬと、緊張させているかもしれません。

逆に、教師が平気で失敗し、間違い、それを笑って愉しむ姿は、「人は失敗するものだ」「間違ってもやり直せばいいのだ」というメッセージになります。失敗や間違いは、決して負の評価だけに繋がらないのです。それがわかれば、肩の力が抜けて緊張が緩みます。そうした環境にいるうちに、だんだんと飾らない素の自分をさらけ出せるようになっていくのだと思います。

子どもたちが伸び伸びしている、いつも楽しそうという学級は、教師が開放（解放）される自由であることが前提であるように思います。

2 「もっと厳しくしなきゃあ」の壁

かつて、同僚の男性教諭たちから、「宇野さんは甘い」と言われていました。もっとびしっとさせないと子どもたちがつけ上がると言われました。

まあ、廊下で驚かされたり、変な髪形にされて笑ったりしている私を見れば、心配したくなる気持ちはわからなくはありません。でも、私はいじられはするけど、バカにされてはいません。必要な指導はちゃんと通ります。ですからその心配は、私にとっては、余計なお世話！なわけです。

そう言う男性教諭たちは、決まってみな威圧的でした。目つきが鋭く、声が大きい。「～しなさい」と言葉も厳しいし、問題行動を見るや否やその場で叱りつけます。大人の私でさえ「わ、怖っ」と思うのですから、子どもたちにとってはかなり怖い存在でしょう。気軽に逆らうことなどできません。

事実、そうした先生たちのクラスでは、子どもたちはいつもびしっとしていました。きびきび動き、先生の言うことによく従いました。大きな問題も起こさず、授業が成立しないこともありませんでした。

しかし、子どもたちは趣意がわかってびしっとしているのではありません。教師が怖いからしているだけです。びしっとしなきゃ怒られるからしているのです。判断基準が「怒られるか否か」ですから、教師がいなければ好き放題。手前勝手な子たちに押され、居場所をなくすおとなしい子も出てきます。もし自分が子どもだったら、こんな学級は息がつまって嫌だなあと思います。

そんな私も、学級が落ち着かないと悩んだ若い頃に「もっと厳しくしなきゃあ」と思った時期がありました。威圧的な男性教諭たちを真似て厳しい口調で指導したり、問題行動には問答無用で対応していたりしました。でも、うまくいかないのです。私が厳しくしても、子どもは反発するのです。ナメられてなるものかと思えば思うほど指導は空回り。私がマッチョで強面の男性教諭のようにしたところで、威力はありませんでした。

しかも、私自身が苦しいのです。子どもが失敗しないよう厳しく言ったり、ちゃんとさせようと締め付けたりすると、私が私の首を絞めるのです。元来ドジな私が失敗せずにいられるわけがありません。自分の失敗を棚に上げて子どもを責めるのは矛盾します。だから失敗しないようにしよう、完璧で在ろうとするとぎくしゃくします。クラスの空気は固くなり、子どもたちの表情はどんどん暗くなっていきました。

「もっと厳しくしなきゃあ」を手放すのは不安です。手放した後、どうやって学級を束ねるべきかと思うからです。しかし、「束ねる」というのも「言うことを聞かせよう」とするのも、教師の身勝手な思惑です。自分の仕事を自分に都合よく回そうとする発想です。教師が自分の側にしか立っていない見方です。

学級づくりは、こうした思惑を手放すことがスタートです。教師の思惑通りの学級にするのではなく、自由で伸び伸びできる場にするにはどうしたらよいかを、子どもとともに考え、子どもとともにつくっていくのです。そのためには、一人ひとりの声をちゃんと聴くことです。相手を一人の人間として尊重し、自分も素の人間として向き合う。そうした営みの中で学級がつくられていくことは、教職の愉しみの一つであります。

2　おもしろがれる

堀　裕嗣

1　ある日のいたずら

二〇一六年のことです。僕は一年生を担任していました。

六月くらいだったでしょうか。僕が国語の授業をしようと自分の学級に行くと、教室の電気が消えています。見ると、生徒たち全員が机に伏していました。寝たふりです。

僕は電気を点け、教卓に教科書を置いて言いました。

「はーい、みなさ～ん、お勉強の時間ですよ～。ツネ以外は起きてくださ～い」

生徒たちは大爆笑です。

ツネというのは、僕の学級にいるいたずらっ子です。こんないたずらを先導するのはツネ以外にあり得ません。

「先生、僕も起きていいですか」

一人だけ顔を伏せたまま、ツネが言います。教室は更なる大爆笑。

ある女の子が笑顔で言いました。

「先生の勝ちですね」

僕はこの瞬間、ああ、もうこの学級は大丈夫だなと感じました。もうこの集団が崩れることはない。それどころか、三月まで楽しい毎日を送れるに違いない。そう確信したのでした。

担任に対するいたずらに、生徒たちが一人残らず乗る。発案者の意図を誰一人欠かさず理解する。担任がそれをおもしろがることも理解している。決して喧嘩を売っているわけではない。そして担任が苦もなくかわしてしまったその意図を、全員が一瞬で理解して爆笑する。僕に言わせれば、もうこの学級は集団として出来上がっているのでした。

こんな事例を細かく分析することも馬鹿げていますが、この現象が成立するにはそれなりに条件が必要です。

まず第一に、こうしたいたずらを担任がおもしろがること。そして生徒たち全員がそのことを理解していること。このいたずらをおもしろがれない担任というのは、世の中に確実にいます。中学校教師のうち、四割か五割くらいはいるのではないでしょうか。では、残りの五割から六割に対してなら生徒たちは誰にでもできるかというと、決してそうではありません。たとえこのいたずらを思いついたとしても、確実に受け止めてくれる教師に対してしかできないのです。要するに、一〇〇％叱られないという確信がなければ、生徒たちとしても実行には移せない。これをおもしろがれる教師が五割から六割いたとして、そのうちの半分以上は、生徒たちに「確実に受け止めてくれる」と思わせることができないだろうと思います。結局、変な言い方ですが、こうしたいたずらを仕掛けてもらえる担任というのは、二割を切るのではないかと思うのです。

第二に、発案者のツネが学級から得られている信頼度が挙げられます。おもしろいことを思いついたらやる。それも学級の全員を巻き込んで実現する。なかなかのリーダー性です。たいしたものです。正直、生徒にしておくのはもったいない（笑）。さっさと成長して教師になればいいのに。そんなふうにさえ思えます。

第三に、学級のおとなしめの生徒たちが、このツネの発案を受け入れる程度にこの学級集団に安心感を抱いていることが前提となります。男女を問わず学級の多くを占める活発な生徒たちは難なくこのいたずらに乗れるでしょう。しかし、どんな学級にも、先生にいたずらなんてとんでもない、私は危険を冒さずに地道に学校生活を送りたい、そう思う生徒たちが二割くらいはいるものです。しかし、誰一人欠けることなく、このいたずらに乗ったのです。僕はそうした生徒たちにも、ある種の成長を見たのでした。

「さあ、いたずらをした罰です。この時間はばんばん当てていきますから、決して間違ってはいけません。仕返しがあるもんだと思ってください」

ひぇ〜！　楽しい一時間が始まります。

2 フィールドワーク

「学級経営」という言葉があります。

「学級づくり」という言葉もあります。

「学級経営」という言葉を使うとき、僕らの中には「ちゃんとさせること」が含意されているように思います。学級組織とか、当番活動とか、生活指導とか、朝・帰り学活のプログラムとか、この行事で何を学ばせるかとか、学級経営上のさまざまな要素を組み合わせて、年度計画に基づいた意図的でシステマティックな運営が目指される、そんな印象のある言葉です。これに対して、「学級づくり」には、どこか創造的な匂いがします。「学級を作る」というよりは、「学級を創る」というニュアンスが僕には感じられます。そこには意図的・計画的な営みばかりではなく、予想外のハプニングさえ活かそうとする心の余裕をもつような、どこかハプニングを歓迎するような、そんなニュアンスを感じます。

前者においては教師は一つ一つの仕事をきちんとこなさなければならないイメージがありますし、後者には教師が懐深く、何事も「おもしろがれる」資質が必要とされるようにも感じています。前者では意図的・計画的な営みからはずれる子は我慢させ矯正してみんなに合わせるか、それができないなら排除される。後者では支援を要する子の動きにさえ担任がおもしろがって、結果的に包含することができる。そんなイメージです。

昨今、意図的・計画的な教育課程だの、ＰＤＣＡだのと理屈をつけて、硬直化した学校教育が蔓延し始めています。それはちょうど、通知表の行動評定にあるような無条件によきことと認められているような項目を理想に掲げ、それにいかに近づけるかを目指すような営みです。そしてそのことに誰も疑問を抱かなくなってきているのです。なぜそうなるのかと言えば、それは、多くの教師がハプニングを怖れているからなのだと僕は解釈しています。変化しないこと、ハプニングが起こらないことが最も楽で、安全で、安心だからです。しかし、子どもを相手にしているのに変化しないことを求めるなんて、それは教育という営みの根幹をはずしているのではないか。ハプニングを起こさない子どもなど子どもではありません。子どもとはハプニングを起こす存在なのです。思いついたおもしろいことを、実行してこそ子どもなのです。

教室はハプニングの起こるところです。ハプニング性にこそ本質があります。教育活動を「計画」の中に閉じ込めようとする発想は、ハプニングを極力排除しようとする発想です。しかし、それは背理なのです。そんな発想一辺倒では、教室は活力を失ってしまいます。そこでどうバランスをとるかが問われるのです。そこに教師の個性が表れます。

僕が失敗して落ち込んでいる若者によくかける言葉があります。

「失敗する人と失敗しない人の違いってわかる?」

「なんですか?」

「失敗する人は、この方法は成功すると思って臨む。だからうまくいかないと落ち込むことになる。でも、失敗しない人は、この方法は実験だと思って臨む。実験には成功も失敗もない。ただ結果があるだけだ。うまくいくという結果、うまくいかないという結果、どちらが出ても一喜一憂したりしない。その結果を踏まえて次を考えるだけだ。失敗しない人ってのは、成功する人のことではなく、失敗を失敗だと感じない人のことなんだ」

この言葉をいったいどれだけの若者に投げかけたでしょうか。そして自分自身に対しても、「いまのお前はどうだ?」と何度問いかけたか知れません。

学級づくりとは〈フィールドワーク〉なのです。荒れた子も、おとなしい子も、支援を要する子も、興味をもって、おもしろがって実験を繰り返す場なのです。そんな中から幾つかはまる手立てが出てきます。手応えのある手立てが見つかります。それが有効な手立てとして、教師の「武器」となっていくのです。

〈フィールドワーク〉を成功させるカギは、教師が子どもを「おもしろがれる」か、子ども集団を「おもしろがれる」か、それだけだと感じています。

3 歴史は繰り返す

堀 裕嗣

1 若者の言葉

「教師然」としているのが良い——最近の若者の中にそんな風潮があるのを感じています。というよりも、「教師然」としていることが教職というものの在り方なのだと思っているフシがある、そんな感覚でしょうか。

彼らは日常的に綺麗事を言い、子どもたちに正しいことを言うことに抵抗がない。むしろそれを当然の職責と思っている。結果、彼らの言葉は上滑りし、発せられる指導言も子どもたちに届かない。特に何か問題行動があって、子どもたちを説諭しようとしたときにその傾向が顕著になります。確かに正しいことを言っているのですが、その説諭の言葉は発せられた瞬間にどこかその場の空気と馴染まずに、弱々しい微かな風に乗って違和感とともに霧消していく。一緒に生徒指導をしていて、そんな心象を抱いたことが何度もあります。

子どもたちにさんざんいじられたエピソードの後、宇野さんが力強く、こんなことを言っています。

でも、私はいじられはするけど、バカにされてはいません。必要な指導はちゃんと通ります。

そうなのです。若者たちの言葉に感じられないのは、この感覚なのです。

2 強面の言葉

例えば、常に笑顔でマニュアル通りの接客を求められているファーストフードのアルバイト店員が、仮に大声で騒ぎ立てている客に他の客の迷惑になるからと注意する場面を考えてみる。おそらく「はあ?」となる客が多いはずです。もちろん、この「はあ?」は反感の「はあ?」です。だからそうした注意は、笑顔のアルバイトさんではなく、もっと上の者が出てきて対応することになります。

これに対して、常に客と日常会話をする喫茶店のマスターが、同じような客を注意するとなれば、「すみません」となることが多いのではないかと思うのです。たとえマスターが日常的に会話するのは常連客とだけで、騒いだ客が一見《いちげん》さんだったとしても、その雰囲気は確実に伝わるのだろうと思うのです。

マニュアル通りの笑顔の接客は、確かに客にいやな思いをさせません。しかしそれは、と同時に、客に対して、私的な会話はしない、私的な情は交わさないという「拒否」の感覚をも色濃く醸しています。若手教師たちの綺麗事や正しさも、具体的な子ども個人ではなく、学級全体に語られているうちは子どもたちに特にいやな思いをさせません。それは一般論として聞き流すことができるからです。しかし、ひとたび生徒指導事案が起き、具体的な一人の「子ども個人」に発せられたときには、その日常的な距離の遠さが違和感の風となってその言葉に纏《まと》うのではないか、そう思うのです。

それに対して、マスターと常連客との会話には、「情の交換」があります。最近の天気のこと、地域の噂話、最近の事件、政治への愚痴……。その会話はこれまで幾度となく交わされてきた常連客との関係性を色濃く纏います。その距離感覚がつくる言葉の温度と湿度、周りの空気として現れる情感の密度や濃度といったものが、客に「ここは引いておこう」という方向に向かわせるのです。

おそらく宇野さんの指導の言葉も同じです。普段いじられている宇野さんがひとたび指導の言葉を発したとき、その言葉には温度と湿度があるのです。その温度と湿度が、周りの空気に情感の濃度と密度をもたらすのでしょう。

いじられたことに返す言葉も「生《なま》」なら、説諭する言葉も「生」です。鮮度抜群です。「生の言葉」には、その人の魂が乗ります。全霊が乗ります。その言葉は決して払いのけたりできないような、なめたりズラしたりできないような、まとわりつくような威力をもって向かってきます。それが自然に受け止めざるを得ない言葉となって、子どもにも届くのです。それこそが、宇野さんが「私はバカにはされていない」「必要な指導はちゃんと通る」という確信になっているのだろうと思うのです。

いじられ、戯れることもできるし、大人として「正しい道」を鮮度高く発することもできる。これは教師が子どもにもなれるし大人にもなれるということです。自分の立ち位置を自由自在に操れるということです。

しかし、日常的に怖い雰囲気を醸し、子どもたちをビシッとさせる指導は、教師を「強《こわ》面《もて》立ち位置」に縛りつけます。子どもの目線に下りていくことがないばかりか、その立ち位置から一歩も上がらない。この人は意外にも広い視野をもっていたとか、この人は思いのほか深い洞察をもっていたとかいった印象さえ子どもに与えない。ただ「そういう人」としてそこにい続けるだけなのです。

もしかしたら若者たちのどこか浮遊した言葉は、強面の指導が忌避される時代に編み出された「強面の言葉」の生まれ変わりなのかもしれません。

4 肩の力が抜けるときに

宇野 弘恵

1 自己判断しない子どもたち

二〇二二年九月二日の夜。ぼんやりTwitterを眺めていたら、京都精華大学の白井聡先生のツイートが流れてきました。

教室の照明をつけない大学生に「なんで点けないんだ?」って訊いたら、「勝手に点けちゃいけないって教わってきたので」という返事。東日本大震災のときの大川小学校の悲劇の話を引き合いに出して説教しましたが、もはやこれは毎年のルーティーン。

コメント欄には、「大学生にもなって、許可をもらわなきゃできないのか」と嘆く声が多数ありました。「うちの学生も同じ」というコメントも多く、学生がその場に必要なことを自分で判断しないのは、どうやら一部の話ではないようです。

さらに、「もはやこれは毎年のルーティーン」とあることから、こうした事態はずっと以前からあったことも伺えます。

これは大学での事例ですが、類似の現象は小学校にもあふれています。例えば、「寒いので、上着を着てもいいですか」「(図工の授業で)ここに黄色を塗ってもいいですか」など、元来、個人に決定権があることに、いちいち教師の許可を求めます。ちょっと考えればわかることでも自分で考えずに、「いいですか」と訊くのです。自分で判断できることであっても、「いいですよ」とお墨付きをもらわないと行動できないのは、一体なぜなのでしょうか。

原因は複層的であると思いますが、その一つに、私は、教師の先回り指導があると考えています。「風邪をひくから上着を着なさい」「喧嘩になるからやめなさい」と、問題が起きる前に教師が問題を取り除くのです。こうした先回り指導は、コロナ禍で行動制限されたことにより増幅しているように感じます。

もう一つ、教師側が逐一許可を求める管理的な指導も大きく影響していると考えます。ツイートに「勝手に点けてはいけないと教わった」とあるように、個人の判断で行ってよいことにも許可を求めさせる教師は意外に多くいます。もちろん、安全管理上必要な場合もありますが、多くは子どもに勝手を許さないための指導です。

2 自己判断できる教室

先回り指導や管理指導の対極に、堀さんの教室はあると思います。いちいち教師に許可を得なくても（まあ、教師にいたずらを仕掛けるのに、教師から許可は得ませんけど（笑））、自分たちで考え、判断したことを、自分たちで実行しています。

この事例が成立するには、

・担任がこうしたいたずらをおもしろがれること。
・発案者のツネが学級から得られている信頼度。
・おとなしめの生徒たちが、学級集団に安心感を抱いていること。

という三つが条件として挙がっています。これは、中一の六月ごろの事例です。ということは、中学校に入学してまだ三か月ほどのこと。恐らくいくつかの小学校出身者でクラスが構成されていて、ようやく新しい人間関係が固まり始めた時期です。

堀さんの教室は、そうした時期にもう、クラス全員でいたずらを楽しめる関係性や空気がつくられていたということです。たった三か月間で、担任の人となりが理解され、思いついたいたずらをみんなに呼びかけられる自由な風土ができ、それを受け入れる安心感が学級にあったということです。

こうしたことを可能にする大元は、「担任の度量の広さ」ではないかと考えます。こう言ってしまうと、やや情緒的な見方にしてしまうかもしれません。が、「この先生は、いたずらをおもしろがってくれる」と思えるのは、教師が狭い価値観に囚われず自由な姿を見せているからです。思いついたいたずらを嬉々として実行できるのは、抑圧されずに伸び伸びとできる環境にしているからです。おとなしい子たちが学級に安心感を抱けるのも、どんな子も隔てなく受け入れる教師の懐の深さが伝わっているからです。

要は、子どもをどれだけ自由にできるか、子どもにどれだけ預けられるかという教師の度量なのです。子どもの力を信じる覚悟なのです。

教師が学級を型に嵌めよう、枠に閉じ込めようとしないから、子どもは自由で在れるのです。自由で在れるから、学級に安心感が生まれるのです。子どもをがんじがらめにする先回りや管理指導は、子どもを信用しない、覚悟をもたない指導の姿であるのです。

子どもはハプニングを起こす存在だ、教室はハプニングが起こるところだ、と堀さんは言います。教師がそういう認識に立つことで、子どもの失敗やできなさに寛容な眼差しを向けることができるのではないでしょうか。

「ま、しかたないか」「ま、そんなものだよ」と肩の力が抜けたとき、束縛されない開いた心で、子どもや学級を見ることができるのではないでしょうか。

5 学級づくりを愉しむ

堀 裕嗣×宇野弘恵

堀　「肩の力を抜く」ってのは僕も大切なことだと思うんだけど、新卒から肩の力が抜けていたわけじゃないですよね。

宇野　そうですね。新卒の頃は、「しっかりしなくてはならない」とガチガチに肩に力が入っていたように思います。

堀　僕は割とガチガチって感じはなかったけれども、まあ、いまと比べたらかなりいかり肩になってたという自覚はある（笑）。

宇野　肩に力の入った堀さんって、全く想像できない（笑）。でも、いまの時代は特に「失敗は許されない」という空気がありますから、なおさら肩に力が入ると思います。

堀　なるほど。そのためにも少し考えてみようと思うんだけど、いつ頃から肩の力って抜けるんだろうね。できれば、何をきっかけにってのもあればなおいいんだけど。

宇野　私の場合は、二人目の育休明けじゃないかなあと思います。元来完璧主義なところがあって、きちんとさせなきゃと思いがちなところがあるんですよ。でも小さい子二人育てながら学級担任していると、何もかも完璧になんかできないんですね。今日は手抜きご飯とか、お部屋が散らかっているとか。急に子どもが熱を出して予定通りに仕事が進まないとか。それでいて予定通りにならなくても、別にたいしたことないんです。ちゃんと毎日はつながっていく。そういう毎日を過ごしているうちに、私一人の力なんて知れてるなあと悟り始めて、少しずつ肩の力が抜けてきたと思います。

堀　なるほど。女性の場合は妊娠・出産が大きいよね。妊娠・出産それ自体というより、その後の子育てかな。「ねばならない」を最小限にしないといけないんだろうね。

宇野　そうですね。我が子を育ててみて「人は思い通りにならない」という当たり前のことに気づかされることも多いと思います。

堀　僕も両親の介護でそういう時期がありましたね。ひどいときは月曜休んで、火曜から金曜まで午前中授業して午後帰る、みたいな。そんな働き方が一年半くらい続いたかな。それでも別に学校はまわるし、子どもたちは元気に育つ（笑）。逆に生徒に気を遣われたりしてね（笑）。

宇野　子育てに限らず、「人は思い通りにならない」という経験をすることが、肩の力が抜けるきっかけになり得るんじゃないかなあと思います。

堀　もう一つさあ、研究授業やっていると、肩の力を抜くことの大切さって身に染みるよね。自分が肩に力が入っているときと肩の力が抜けているときって、子どもたちの反応が全然変わってくる。

宇野　ああ、経験あります。

堀　たぶん、糸がピンと張っているときって、子どもも緊張しちゃうんだよね。

宇野　こっちが緊張してガチガチだと、いつも軽口叩いて場を和ませてくれる子が、全くしゃべらなくなって授業が硬直する。普段と空気が違うからこっちも焦ってドツボにハマるという……。

堀　教師が緩んでると、糸も緩んで、なんていうか「遊び」が生まれる。僕の学級が僕にいたずらを仕掛けてくるのも、宇野学級にいじりいじられみたいな空気があるのも、空気が緩んでて「遊び」があるからだよね。それが教室の「余裕」になっている。そしてそれが更に教師に「余裕」をもたせてくれるって言うか。いいサイクルになる。

宇野　糸をピンと張ってしまう背景には、自分をよく見せようとする欲みたいなものがあると思う。無意識の。でも、この問いに子どもはどう出てくるかな？　みたいなのがあると、自ずと糸は緩むんだと思う。

堀　ＳＮＳで自信なくして教職辞めたいとか言っている若い人たちって、投稿を読んでいるだけでもそういうのが伝わってくるよね。無意識の欲を制御できてないって言うか。無意識だから自分が何を求めているのかが自覚されてないって言うか。

宇野　ですね。それって、ベクトルが自分なのだと思います。自分がしなきゃと考えている。子どもがどうするかは視野にない。

堀　なるほど。それが子どもの自由度を更に奪うことになる。

宇野　そうですね。教師は自分の想定の中で完結させようとしちゃうから、子どもは教師の意図を探ることになる。

堀　自分は完璧にはできない。子どもたちはかしこまる。思い通りにならない。こんなはずじゃなかったのに……に陥る。子どもが反抗するのも、割と教師が完結しようとしているルートに行き詰まった結果であることが少なくない。教師は「なんでその場の空気を壊すようなこと言うんだ」なんて思うけど、それはその場の空気なんかじゃなくて、実は教師の想定している空気に過ぎない。子どもたちは割と、そういう意見もあるよねみたいに捉えていることも少なくない。

宇野　そもそも教師って、その場を牛耳れる力があると勘違いする立場にあると思うのですよ。自分が正しい、自分がスタンダードって。そこからはみ出すことを指導対象にしてしまうから苦しいのであって、それをおもしろがれると、楽だしほんとに愉しいのにと思います。

堀　肩に力が入れば入るほどそれが見えないし、気づけない。

宇野　ですねえ。

堀　中堅・ベテランでもそういう教師は決して少なくない。思い通りにしたい教師。

宇野　教師の想定に子どもを入れようとする先生って、うまくいったら自分のおかげ、失敗したら子どものせいにする。自分の成功体験のための教育だから肩に力が入る。まあ、無意識でしょうけどね（笑）。

堀　なるほど。手厳しいね（笑）。

宇野　（笑）。こう考えると、一〇〇点からのスタートではなく、0点からのスタートと意識することが大切なように感じます。

堀　なるほど。若い人たちって、一〇〇点取ろうとしてるかもね。まあ、0点は大袈裟にしても、六〇点くらいをスタンダードにできたらたいしたものなのにね。

宇野　確かに、若い人たちにとって自分の持ち点を下げるのは、なかなか難しいのかもしれませんね。でも、一〇〇点から減点していくより、六〇点から加点していく方が、精神的には随分楽だし、喜びも大きいです。

堀　減点法より加点法。ちょっと名言っぽい（笑）。

宇野　ちょっとだけですか（笑）。

堀　じゃあ、さりげなく名言出たあ〜！って感じで（笑）。

宇野 いじられている気がする……(笑)。

堀 でも、馬鹿にはしていない(笑)。

宇野 そうかなあ(笑)。ま、そういうことにしておこう。

堀 結局、肩の力を抜かないと、学級づくりも対談も愉しめない(笑)。六〇点くらいをスタンダードだと考えてると気が楽。そういうことだね。でも、そういうふうになるためには、何から始めるといいんだろうね。

宇野 理想像をもたないっていうのはどうでしょう?

堀 それはちょっと哀しいかな。

宇野 では、理想像というものを固めすぎない。

堀 うん。教師としての理想像とはこういうものであるというのを固めすぎない。

宇野 理想像をもちつつ、そこから逸れることやそこに辿り着かないことも自分に取り込んでいく。そんな緩い感じかな。

堀 自分が若い頃にそう言われて納得したかね。

宇野 言われてもわからなかったかも……。

堀 (笑)。そういうもんだよね。結局、結論は若い人に教職の愉しみ方を言葉で伝えるのは難しい、ってことですね(笑)。

第2章
授業づくりを愉しむ
—国語編

1　子どもの行く方に行ってみる

宇野　弘恵

①　子どもとともにつくる授業

光村図書二年生の国語に、「スーホの白い馬」という物語文があります。モンゴルの民族楽器である馬頭琴にまつわるお話です。この学習の第一時間目。まずは登場人物の確認をしました。

登場人物＝人間、もしくは人間のように動いたり考えたり話したりする存在。

という定義は一年生のときに学習し終わっています。ですから、ここはあっさり登場人物が出揃うかと思えば、予想に反し、白馬は登場人物であるか否かで揉めます。

物語の中では白馬は言葉を発しているわけではありません。ですから、「ごんぎつね」のように「人間のように」という定義が当てはまりません。しかし、夢に出てきた白馬が人間のように語るので、この定義が当てはまるのではないかというのです。

これに対し、「夢の中だから、現実世界で本当に白馬が話したわけではない」と反対派。問題解決の突破口として、「夢」という言葉を調べてみました。

夢・眠っている間に、まるで現実のことかのように頭に浮かんでくること。

とありました。辞書を読み上げるや否や、

「〝まるで〟は比喩。ということは、やっぱり本当のことではないってことだ！」

と子どもたち。「夢＝現実」ではない、だから白馬は登場人物ではないことを確認すると、

「でも変です。題名に『白い馬』とあるのに、登場人物じゃないって納得がいきません」

と子どもたちは言うのです。私がとぼけて
「え、そういうこともあるんじゃないの？」

と言うと、「おおきなかぶ」や「たぬきの糸車」など過去の作品をもち出して、題名にあって重要じゃないものはなかったと熱弁します。そして、題名にあるということは重要なはずなのに、登場人物ではないっておかしいと悩んでいます。やがて、ある子が「スーホの」の「の」が怪しいと言い出し、調べることになりました。


「の」の前件が、後件について〝どんなだ〟を説明している。


つまり、「私の鉛筆」というと、鉛筆は私だけのものということを説明しているということです。これを聞いて子どもたちは、

「そうか！　白い馬はただの白い馬ではなく、スーホだけの白い馬ってことだ。つまり、世界に一頭しかない特別な白い馬ってことだ！」

と大盛り上がり。じゃ、どう特別かを調べてよと言うと、走るのが速いとか美しいとかと言います。何より、スーホにとって特別に大好きな存在なのだと言います。

「へえ、スーホは白馬のことが大好きなんだ。証拠ある?」

と挑発すると、「まるで兄弟のようにかわいがった」「涙を流して喜んだ」など文章を引用して勝ち誇ったように説明します。そこで私は問いました。

「そんなにスーホは白馬のことが大好きだったのだね。でもさあ、スーホは白馬から何本も矢を抜いているのだよ? 矢って、突き刺さったら抜けないような形になっているの(図示しながら説明)。だから抜こうとしたら、肉に引っかかって猛烈に痛いのよ。白馬にこんな痛い思いをさせるなんて、白馬を好きだったらできないんじゃないの?」

「でも矢を抜かないと白馬は死んじゃう」

「白馬が苦しむのはわかっていたけど、〝歯を食いしばって〟って書いてあるから、スーホはつらいのをこらえて抜いたと思う」

「痛いでしょ、ごめんよ、って泣きながら抜いたと思う」

話しながら子どもたちは号泣し始めました。子どもたちがあまりに真剣なので聞いている私も泣きそうになりましたが、さらに追い打ちを掛けました(笑)。

「こんなに大事な白馬なのに、なぜ白馬を楽器にすることができるの?」

と問うと、夢の中で白馬が体を解体して馬頭琴をつくってと言ったからだと言います。

「楽器にするってことは、白馬の体をバラバラに切って、骨を切って、皮を剥いで、肉を削ぎ落すってことだけれど、それって、残酷じゃない？　白馬が大好きだったら、普通そんなひどいことできるの？」

と私。それは夢で白馬が言ったからだと言うので、スーホは夢の中の白馬のどの言葉で楽器をつくる決心をしたかを訊きました。子どもたちは、三文目の

そうすれば、わたしは、いつまでもあなたのそばにいられますから。（引用）

に答えがありそうと見当を付けました。「そば」「いられる」は「いる＝存在している」ということ。「心の中にずっといる」というように、実在していることが絶対条件ではないことを確認しました。ここで、細分化した「から（理由）」に気づいた子が、「私の体で楽器をつくれば、いつでも一緒にいることができる」が、一文目の「悲しまないでください」につながると発言しました。馬頭琴をつくればいつまでも心はそばにいるから悲しくない、だからスーホは白馬の体を解体して楽器を作ったのだと読み取ったのです。

物語の冒頭で、スーホが白馬に〝どんなときも一緒だよ〟と言っていることと絡め、

「どんなときもって、死んでしまったときでも一緒だって誓ったということだね」

「白馬は、スーホのその言葉をちゃんと覚えていたのだと思う。だから、死んでも一緒だ

よ、心はそばにいるよって伝えたかったのだと思う」

「スーホも、ずっと白馬のそばにいたいって思っていたから、白馬の夢を見たのだと思う」

「スーホも白馬も、お互いに大好きだったのだね」

と話し合い、この日の授業は終わりました。

2 旅のような授業づくり

当初の一時間目の授業計画では、登場人物をさっと確認し、スーホにとって白馬はどんな存在かを考えようと予定していました。しかし、予想外に登場人物で揉めたので、私はあっさり方向転換をしたわけです。

もしかすると、若い先生方にとっては、授業の方向を途中で変えることは難しいことかもしれません。かつての私もそうでした。計画した通りに授業を進めないと、その先どうやって元に戻せばよいかと困ります。想定外の発言に乗っかってしまえば、出口のないぐちゃぐちゃな話し合い（というか、思い付きの言い合い）で終わってしまう懸念もあります。ですから、想定外の発言は受け流すか、強引に自分のもって行きたい方向にもっていくしかなくなります。

そうすれば、授業の形としては整います。しかしそれは、子どもたちにとってはどうなのでしょう？　考えたいことを考えさせてもらえずに、フラストレーションが溜まるのではないでしょうか。湧き出た疑問を解決できずに、イライラするのではないでしょうか。教師が疑問に答えたとしても、予め決まった道筋に沿ってしか思考させてもらえないのは、窮屈でつまらないことではないでしょうか。

教師だって同じです。自分の決めたレールにのみ子どもを乗せておけば、安心かもしれないけど退屈です。咲く花に目もくれず平坦な道をただただ歩くような授業など、つまらなすぎます。ワクワクもドキドキもハラハラもしません。教師が愉しくない授業を、子どもたちが愉しめるはずなどありません。

愉しい授業をするには、教師が愉しむことです。教師が愉しむには、咲く花に目を向けることです。飛んでいる鳥を眺めたり、見つけたお店に入ってみたりすることです。新しい発見に驚き、歓声を上げることです。心を動かすことです。

でも、ちゃんとゴールに辿り着くように、目的地を明確に決めましょう。そして、目的地に辿り着くいくつかのルートと、絶対にはずせないポイントを頭に入れておきましょう。そうすれば、寄り道をしても思いがけないことが起きても、愉しみながらちゃんと目的地に辿り着くことができるのですから。

（参考・引用文献）「スーホの白い馬」大塚勇三・再話　光村図書二年下　二〇二〇年

2 仕事的な授業と実践的な授業

堀 裕嗣

1 仕事か、実践か

教職について三十年以上になりますから、多くの国語教師と出会ってきました。

中学校の国語教師ばかりでなく、小学校で国語を自らの主たる研究教科と位置付けている教師にもたくさん出会ってきました。そうした経緯のなかで感じたことなのですが、説明文好きの国語教師には「仕事志向」の人が多く、文学好きの国語教師には「実践志向」の人が多いという傾向があるのです。

教師の仕事には、「仕事」と呼ばれるべきものと「実践」と呼ばれるべきものとがあります。「仕事」はそれがないと学校が動かない、それがないと学校がまわらない、そうした性質をもつもので、学年や校務分掌などで各自に割り振られます。誰もができなければならない質のものです。その意味で、計画された日程に従って効率性が求められます。これに対して「実践」は、他の人にはできない、他ならぬ自分だからできる、そうした性質をもつもので、ある難しい生徒ととことんまで付き合うとか、他の教師には心を開かない生徒が自分に対してだけは心を開くというような、教師と生徒というよりは、「人間対人間」として生徒と付き合う営みを指します。当然日程に従うことも効率性を求めることもできません。本当のところ、生徒たち誰もに対してできる対応でもありません。

かつては学級づくりも授業づくりも「実践」と意識されていましたから、文学好き教師の志向性は多少「時代遅れ」の感も否めないかもしれません。仕事のできる者同士を比べた場合、「実践志向」の教師はどこか泥臭く、「仕事志向」の教師はスマートに仕事をこなすというイメージもあります。結局、文学か説明文かなんていう仕事上の嗜好性にも、その教師の「人間」自体がもつ個性と切り離せないのだろうなと思います。

2 表現か、内容か

説明文か文学かと問われれば、私は迷うことなく文学なのですが、文学は説明文と違って文章の内容自体が授業に反映しやすいという特徴をもっています。

例えば説明文の場合なら、大根の構造を説明する説明文はその「大根の構造」という内容自体は国語科の指導事項にならない。もちろん「大根の構造」をおもしろいと思ってその説明文を意欲的に読んでいくことの原動力となることはある。しかし、テストで教材本文も提示せずに、「大根の構造について説明しなさい」などという出題をしたら大問題です。それは国語ではない、と言われます。説明文ではわかりやすく表現する仕方、的確に理解する仕方が指導事項となっているわけです。

しかし、文学の場合には微妙です。「ごんぎつね」を学ぶ、「故郷」を学ぶというときに、「思いが伝わらない悲劇」や「希望の在り方」のようなその作品のテーマ性が、「ごんぎつね」や「故郷」の表現の在り方、的確な読解の在り方と切り離せない印象がある。その結果、「ごんぎつね」の主題や「故郷」の主題は国語科の授業においてしっかりと扱われることになります。決して「ごんは可愛そうだったね」とか「わたしは優柔不断だね」といった感想の表出で終わることはないし、「この構成は見事だね」とか「この比喩は美しいね」といった表現価値の指導だけで終わることもないわけです。しかも、文学を授業で扱うということになると、新美南吉や魯迅の人生までもが視野に入ってくる。その結果、国語の授業はときに、「それって国語なの？　道徳じゃないの？」と言いたくなるような授業が展開されることも少なくありません。

おそらく説明文好きの国語教師が「仕事志向」となり文学好きの国語教師が「実践志向」となるのも、こうした構造のせいだろうと思います。私も国語科が「言語教育」だと知りながら、どうしても主題的な価値、思想的な価値にまで踏み込みたくなってしまう国語教師の一人であるわけです。それは多くの文学教育を志向する教師たちが、せっかく文学作品を読むのだから、生徒たちにも生き方の参考になるような何某《なにがし》かを学んでほしい、そんな思いを抑えられないからなのだろうと思うのです。

3 素材と学習者と指導法

「文学好きの国語教師」といっても、文学作品なら何でも好きだというわけではありません。好みに合う作品と合わない作品があります。ほのぼのとした日常の中に人間の優しさ、興味深さを描いているタイプの文学作品が好きな人もいれば、人間関係の葛藤の中から自己認識を深めていくというタイプの文学作品が好きな人もいれば、死や狂気の中で人がどう判断するかを描くことで人間の本質をえぐり出そうとするタイプの文学作品が好きな人もいます。中学校の国語教科書にはどのタイプも掲載されていますから、文学好きの国語教師にも力を入れて指導したくなる教材とそうでない教材とに分かれます。

好みに合わない教材については、説明文と同じように構成や表現技法といった表現価値を中心に取り上げることになりますから、文学好きの国語教師といってもかつてのような偏った文学教育ばかりしているわけではありません。年に一教材くらいは少々偏った授業をすることもありますが、ほとんどは「言語教育」として学習指導要領に見合った指導事項を扱っていると考えてまず間違いありません。言わば、年に一教材くらいは「実践的な授業」を行いますが、その他は「仕事的な授業」をしているということです。

ただし、その年に一教材しかない大好きな教材の授業にかける情熱は、かなりのものになります。若いうちは教材研究をかなり深いところまで追究し、経験を重ねるにつれ前回の課題や積み残しをなんとか克服する手立てはないかと考えながら新たな授業展開を考えます。とにかくその教材が大好きなので、そうしたことに時間を費やすのが惜しくないのです。そのためには、書籍を大量に購入したりその教材の公開授業があると聞いて足を運んだりすることも苦になりません。もうライフワークに近くなります。

私の場合であれば、そうした教材を五つくらいもっているでしょうか。こうした教材の授業は、まずまず満足するような授業になることが多いのですが、それでも次にやるときにはまったく違った授業展開になります。好きであるからこそ、多少の成功には満足しない、満足できないという心持ちになるわけです。一つのやり方でまずまずの成果を上げたら、この教材に別の可能性はないかと追究し始めるわけです。「ライフワーク」とはそういうものです。

国語の教材研究とは、次の三つの過程でできています。

素材研究　その文学作品を教材としてではなく、一読者として、自らの読解力・鑑賞力の総力を上げて読むこと。学術研究まで視野に入る。

学習者研究　子どもたちの読みの傾向を分析し、その教材がどのように読まれる可能性があるか、どの程度の解釈分派が現れ得るかを想定する。

指導法研究　その教材を授業するにあたって、どのような学習活動が相応しいか、どのような指導言（発問・指示・説明）が相応しいか立案する。先行実践の研究を含む。

年に一教材でもこの三つの過程を踏んでいると、その教材研究過程において得られるものは膨大です。その教材以外の文章を読んでいても活きる程度に読解力が高まってきます。子どもたちの解釈可能性についても常に複数の分派を考えることが癖になってきます。先行実践を読んでいるうちに、さまざまな学習活動や指導言の妙も身についてきます。結局、年に一教材の「実践志向」の姿勢が他の教材の授業にも大きく活きてくるわけです。

教師が力を込めて実践する授業というものは、生徒たちにも伝わるものです。今回はいつもと違うと思うものです。結果的に生徒たちのノリも高まります。大人になってクラス会があったときに話題になることさえ少なくありません。そういうものなのです。

私の経験から言って、そういうサイクルに入るまでに五年程度でしょうか。そこまで来ると、もうすべての教材の授業がそれなりに機能するようになります。こうなってくると、新しい「実践志向」の教材も生まれ始めます。授業が愉しくなるのはそこからです。

3 細部にこだわる

堀 裕嗣

私もかなり高度なことを書いた自覚があるが、宇野さんもずいぶんと高度なことを書いている。一読、そう感じました。それをさらりと書いているところが宇野さんらしい。そうも感じました。まずはその高度さの所以を幾つか分析してみましょう。

まず第一です。二年生が自らの意見にこだわってなかなか前に進まない。これはよくあることなのだろうと思います。教師としては子どもたちのその思いを汲み、この話し合いは子どもたちが納得するまで取り組もうと方向転換する。これもあり得ることです。しかし、その後の展開はとても二年生とは思えない発言が続きます。

登場人物の定義に基づいて検討することは、むしろ容易《たやす》いことです。定義を教えていればいいというだけのことですから。「夢」の中の出来事であることも同様です。本文に書いてあるわけですから、見つける子は見つけるでしょう。「比喩」の指摘も読者のみなさんはすごいと感じるかもしれませんが、これも既習事項になっていれば子どもたちは高度な知識に興味がありますから、指摘するだろうと思います。

しかし、この授業における子どもの発言のすごさは、「の」検討にあります。「スーホの白い馬」と言ったとき、「スーホ」「白い」「馬」は自立語、「の」は付属語です。その意味で、「スーホ」とは何か、「白い」はどのくらい白いのか、「馬」はどんな馬かというように、自立語は検討されやすいのです。でも、「の」は違います。要するに自立語というものは子どもたちにとっても着目しやすいものです。でも、「の」は違います。助詞や助動詞に子どもたちが着目するというのは、間違いなく宇野さんの日常授業の反映です。二年生にその意識があるのですから、私は宇野さんの授業に「凄み」を感じます。

例えば、男女がデートで喫茶店に入ったとき、女性が「コーヒーがいいわ」と言えば何事も起こりませんが、「コーヒーでいいや」と言えば男性が怒り出すことがあります。もっと食べたいもの、飲みたいものがあるのに、「仕方ない、コーヒーでいいや」というニュアンスが感じられるからです。この場合も、「コーヒー」「いい」という自立語がコミュニケーションの根幹なのではありません。「が」と「で」、「わ」と「や」という付属語こそが発話者の感情を表しているのです。

例えば、クラスメイトとの会話で「彼は頭がいい」と言えば、「彼」という人物の「頭の良さ」を事実として指摘しているだけです。しかし、たった一字、「彼は頭はいい」と言うと、まったく意味が変わってしまいます。「彼は頭はいい」けど、顔か性格かのどちらかが悪いということが含意されます。

おそらく宇野さんは、こうしたコミュニケーションにおける付属語の機能を熟知したうえで、日常の国語の授業に取り組んでいるのです。子どもたちはただ放っておいて付属語にこだわるようにはなりません。子どもは語彙を増やすこと真っ盛りの時期です。新しい言葉を知ることに興味津々の時期です。語彙を増やすというのは、多くの場合、理解している自立語を増やすことです。そんな子どもたちの目を付属語にも向けさせている宇野さんの授業は、正直、並みではないと思います。ちなみに授業の後半で扱われている「から」も接続助詞です。

第二に、宇野さんはさり気なく「目的地に辿り着くいくつかのルートと、絶対にはずせないポイントを頭に入れておきましょう」と言っていますが、これも高度です。これができるのは、私が挙げたような「素材研究」「学習者研究」「指導法研究」の過程を経た後のことです。正直に申し上げて、これができないままに定年退職していく国語教師のなんと多いことでしょう。国語を専門としない小学校教師に多いと言っているわけではありません。生涯国語の授業だけをやり続ける中学校の国語教師にもたくさんいるのです。

第三に、宇野さんの「いくつかのルート」を用意し、「絶対にはずせないポイント」を押さえておくことを支えているのは、間違いなく教材本文への徹底したこだわりであり、ディテールまで検討した教材研究です。「じゃ、どう特別かを調べてよ」「証拠ある？」と常に子どもたちの目を教材本文に戻そうとしています。子どもたちの話し合いが「思い入れ」や「思い込み」の空中戦にならずに、常に教材本文を這うような地上戦として展開されるのは、宇野さんの「言語教育」として成立させようとする確固たる国語授業観によるものなのです。「じゃ、どう特別かを調べてよ」にしても「証拠ある？」にしても、自分がどこに何カ所の論拠があるのかを知っていなければ出てこない指導言です。要するにそれらの論拠こそが、宇野さんにとって「絶対にはずせないポイント」であるわけです。子どもたちの話し合いがどれだけ予定されていたルートからはずれたとしても、ここそこの叙述に戻せば本筋からは逸れない。教材本文研究による宇野さんのそうした確信が、「いくつかのルート」を想定させるのであり、たとえ想定されていないルートに進んだとしても本筋に戻れるという自信を成立させるのです。

読者のみなさんが御存知かどうかわかりませんが、実は宇野さんは国語を専門とする教師ではありません。専門は家庭科です。しかし、教材研究を重ね、授業の根幹をはずさなければ、こんな高度な授業ができるのだというよい見本になっていると私は思います。何より宇野さん自身が、国語の授業はもとより国語の教材研究を愉しんでいます。一朝一夕で辿り着いたわけではないでしょうが、かくありたいと思わせるものがあります。

4 「実践志向」の姿勢になってみようではないか

宇野 弘恵

1 行きつ戻りつの教材研究

私は、紛れもなく「実践志向」の人間です。説明文より、断然文学です。説明文をとことん教材研究し尽くしたと言えそうなものは一つしかありませんが、文学はそれなりにあります。「し尽くした」とまではいかないかもしれませんが、何年もかけて教材解釈しているものはいくつもあります。ですから、堀さんが

結局、年に一教材の「実践志向」の姿勢が他の教材の授業にも大きく活きてくる

と言っていることは、実感をもって理解することができます。

堀さんの提示に倣って、まずは素材研究について考えてみましょう。素材研究では、この教材はどんな作品か、何が描かれているのか、何を言わんとしているのかと、作品そのものを分析し、解釈します。

光村図書一年「はなのみち」の一文を例に、素材解釈をしてみましょう。

「はなのみち」は、一年生が小学校で初めて出会う物語文です。もちろんすべてが平仮

名で、全部で十文ほどしかない簡単で短い物語です。日本語として意味がわからない言葉など一つもありません。ですから、読めばわかるのです。しかし、「読めばわかる」のは表面的な事実であって、中身ではありません。では、中身がわかるとは、どのようなことなのでしょうか。

くまさんが、ともだちのりすさんにききにいきました。（引用）

「りすさんに」の「に」は、行為や作用・状態の対象・相手・成立点を、いつ、どこ、どれ、誰、何と指定するときに用いる格助詞です。動作・作用が、その相手に対して行われることを表し、この場合は、ききに行く相手を他の誰でもなく「りす」であると限定しています。

また、「に」には指向性があり、動作・作用が何を目的として行われているかを表すはたらきがあります。そこから、くまは単にりすのところへ行ったのではなく、「きく」という目的をもって自分から向かったことがわかります。

「に」に着目することで、くまが訊きに行く相手はりすに限定されました。つまりこれは、りす以外の友達は全て排除されたことを指します。「りすに」とは、「他ならぬりす」ということを言っているのです。

そうすると、なぜくまは他の友達ではなく、敢えてりすを選んで訊きに行ったかという疑問が生まれてきます。それはこの文章からだけではわかりませんから、他の文を当たることになります。あるいは、文脈から読み取る必要があるかもしれません。りすの属性を考えたり、このお話の元である絵本を読んだりすることでわかることがあるかもしれません。そうした営みから教材解釈が生まれ、作品の中身を豊かにしていきます。

こうした素材研究をしながら、指導法研究も同時に行います。指導法研究とは、自分が読み取っている中身をどう問えばよいかを考えることです。発問が機能するための相応しい説明や指示、学習形態を検討したりするのも指導法の研究です。

例えば、一年生に、「に」の用法を質問したところで誰も答えられません。教師が説明したからといって、理解できるわけでもありません。「に」に着目させたければ直接「に」を問うのではなく、自然と「に」を意識して思考するような問いや活動が必要になります。それを考えるのが指導法研究です。

そして、指導法を考えるとき、自ずと目の前の子どもたちが浮かぶはずです。「この発問じゃ、多様な考えは生まれないな」「うちのクラスだと、思考の浅いところで終わりそうだ」など、学習者の実態に鑑みながら、学習する内容や方法を調整したり考えたりするはずです。これが学習者研究です。

素材研究をしながら指導法研究をし、指導法研究をしながら学習者研究をする。学習者研究をした結果、実態にそぐわなければ、また指導法研究に戻る。指導法研究がうまく機能しなければ、もう一度素材研究に立ち返る。素材研究と指導法研究と学習者研究を行きつ戻りつしながら行うのが教材研究なのです。

2 「結局、年に一教材の」ということ

さて、こうやって手間と時間を掛けて教材研究を行えば、教師自身の言語感覚が磨かれたり文章を読み解く力も向上したりすることが想像できると思います。回を重ねれば、文章のどこを読めば核心に迫れるか、作品理解の肝はどこかなども、感覚的にわかるようになってきます。発問のバリエーションや問題解決にふさわしい学習形態もわかるようになってきます。どこに焦点を合わせれば学習者が深く考えられるかというポイントも見えるようになっていきます。

これは、ある教材だけに限って必要な力ではありません。他教材を研究したり授業したりするときにも、絶対に必要なものです。「結局、年に一教材の『実践志向』の姿勢が他の教材の授業にも大きく活きてくる」とは、そういうことだと思います。

（参考・引用文献）「はなのみち」岡信子　光村図書一年　二〇二〇年
（参考文献）『追求の授業に生きる』宮坂義彦著　平田治編／解説　一莖書房　二〇二二年

5 授業づくりを愉しむ――国語編

堀　裕嗣×宇野弘恵

宇野　国語の授業を愉しむとなると、どうしても教材研究の話になりますね。まあ、国語に限らず、教材研究なくして授業を愉しむことはあり得ませんから、当たり前と言えば当たり前ですが。

堀　僕らの世代は間違いなくそうだね。でも、若い人たちもそうなのかな。

宇野　もしかすると、「教材研究」の形が違う若い人たちもいるように思います。若い先生方にどのように教材研究をしているか尋ねたところ、「ネットから学んでいる」ということを言っていました。私は、ネットで先行実践を探したり、必要な資料を見たりすることはあっても、ネット上のネタで教材研究をするという感覚はなかったのでかなり驚きました。

堀　ネット上にある先行実践を追試するってこと？

宇野　先行実践を追試するというより、ＳＮＳや教育系のネット記事に書いてあることで授業をつくるという感じです。

堀　イメージできないな。具体例を一つ挙げられる？

宇野　例えば、「ごんぎつね」の授業をするにあたって教材研究をしようとネットを見る。先行実践やSNS、教育系のネット記事にある「ごんぎつね」の授業案をいくつも読む。ああ、「ごんぎつね」ってこういう話なのかあとわかる（気になる）。じゃあ、どういう授業をしようかなと思って、ネット上の情報を漁る。自分にピンときたものを参考に、自分ができそうな形に少しアレンジする。たくさんの情報を読み、たくさんの情報の中からよいものを選び出し、自分なりにアレンジするのが教材研究、という感じかな。

堀　（笑）。そりゃだめだね。他人の実践をアレンジするのってかなりの力量がいる。少なくともその先行実践やった人以上の力量は絶対に必要だもの。

宇野　確かにそうですね。でも、アレンジせずに、授業するのもどうかと思うけど（笑）。でも、それが「教材研究」として位置付いているのかあ……と思うのですよ。

堀　それは「教材研究」じゃなくて、「修正追試」だよね。それもおそらくは先行実践の意図とか背景とかを理解しないままに、自分のテキトーな感覚で修正する追試。先行実践に失礼な追試。そんなに自分の能力に自信があるのかね。

宇野　まるで自覚はなく、それが「教材研究」だと思っている。これが特殊な例なのか、世の中の「教材研究」の形が変わってきたのか。ネットで手軽に情報が手に入れられる時代だから、後者である可能性もあるなあと思い始めています。

堀　ネットで調べる前に、自分の虚心な目で教材を読むっていう段階はあるのかな。もしかしてないのかな？　いきなりネット？

宇野　そこなんですよ。いきなりネットなんですよ。

堀　だとしたら先行実践の意図とか背景とかっていうレベルじゃないね。そもそも先行実践でやろうとしていること自体がイメージできていない可能性が高い。それを自分の感覚だけでアレンジするなんて、何を観点にアレンジするんだろうね。そもそも教材をちゃんと読んでいないのに、アレンジしようにもアレンジできないと思うんだけど。

宇野　実際の授業を見ていないのでわかりませんが、おそらく、自分ができそうかどうかというレベルかな……。

堀　もしそうだとしたらね、子どもたちに対して自分の力でちゃんと読めとか、自分の意見をしっかりともてとか、要するにちゃんと教材文と正対せよということを言う資格がなくなっちゃうと僕なんかは思ってしまう。だって、友達の意見を聞いてそのまま自分の意見って言ってもいいことになっちゃうよね。教師がその姿勢だと。

宇野　私も全くそう思います。

堀　ある意味、教育革命だし授業革命だよね（笑）。二十年近く前かなあ、ブログが出てきて数年経った頃、他人の記事を全文引用して、最後に「その通りと思いました」とか「とっても勉強になりました」とかって一行付け加えてアップする記事をよく見て、おいおい、発信する資格がないだろ！と憤っていた時期があったけど、きっとそういう感覚だね。最近、Twitterでも相手の記事をちゃんと読みもしないで思い込みで批判しているのをよく見るでしょ。要するに相手の意見はどうでもよくて、自分の主張を展開するために他人の主張をネガティヴに利用するっていうかね。自分がいい思いをするために他人を利用するとか他人の論を利用するとかが普通のことになってきている。とうとうそれが学校教育にも大きく入り込んできたってことかな。

宇野　あああ、なるほどまさに。教育記事の中にも「参考にさせていただきました」と書いていながら、ほぼほぼ原典通りでしょうというものもあります。それが「自分のもの」として授業されていくのですから、更に罪意識みたいなものはなくなりますね。

堀　たぶんね、現在の若者にとって、仕事っていうのはお金を稼ぐための「労働」に過ぎないんだよね。もっと言えば「苦役」に過ぎない。大切なのは仕事をしている時間じゃなく私的な時間だけ。だから私的な時間を充実させるために、消費できるためのお金を稼ぐのが仕事。そうなると、仕事には一切のお金をかけず、時間もかけず、効率的にやれるほどいいということになる。でもそれじゃあ、ずっと「苦役」のままで、授業を愉しむなんていう状態にはなりようがない。こう考えると、そういう若者の「教材研究もどき」の態度も頷ける。たいへんな時代になったものだね。

宇野　本当ですね。私が新卒の頃は、先輩の先生方が、いつでも気軽に授業を見においでと言ってくださり、放課後は授業の解説や教材について教えてくれました。校内研修でもとことん指導案検討をしたり、議論し合ったりしました。だから、自ずと教材研究を愉しめたのだと思います。今はそれがなくなってしまいました。

堀　そうね。指導案検討なんてしてるの、最近は見たことないもんね。

宇野　今年実習生をもって、久しぶりに指導案を検討しました（笑）。

堀　最近は校内研修もＩＣＴの活用だの、新しい観点に対応した評価だのと、授業そのものからは離れてきてるもんね。それ、研修管轄じゃなくて教務管轄だろって内容に校内研修会が乗っ取られてる感じ。それでいて個別最適化だの自己調整学習だの資質・能力だのと、授業で想定しなければならないことは格段に増えている。そうした意味では若者も気の毒だとは思う（笑）。

宇野　そうした中で、若者が授業を愉しむにはどうしたらよいのでしょうね。

堀　正直、ちょっと絶望的な未来像しか浮かんで来ないよね。

宇野　でも、やっぱり、年に一つでいいから自分で一から教材研究をしてみて、自分自身が研究することを愉しむことじゃないかなあという気がします。

堀　うん。それはその通りなんだけど、その「自分で一から教材研究をしてみる」ということ自体が、僕らが想定しているのとはまったく違った意味で捉えられてしまうんだよね、きっと。ネット上にある先行実践に普段より十倍くらいの数目を通すとか、そんなふうに捉えられてしまうのかもしれない。

宇野　あああ、確かにそうです……。前述した若い人たちも、手抜きをしたいわけではないのです。わからない、知らないだけなのかと思います……。

堀　そう。若者たちは不真面目でそうなっているんじゃないんだよね。真面目さで言ったら、いまの若者は僕らが若かった時代よりもずっと真面目だと思う。

宇野　間違いないです！

堀　だとしたら、現場の先輩教師とか地元の教育行政とかが、さまざまな場面を通して教材研究ってのは何をどうすることなのか、何がわかれば授業案を考える段階に移行できるのか、そんなことをちゃんと伝えなくちゃならない。

宇野　そうですね。学校に教材研究文化があった時代を経験した私たち世代の役目なのかもしれませんね。

第３章

教材研究を愉しむ
―国語編

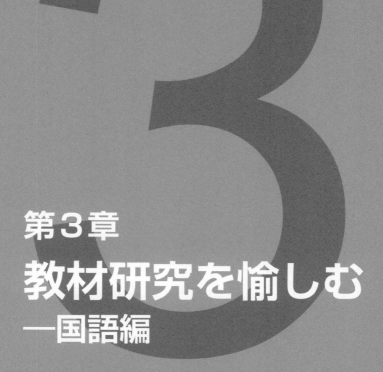

1 学びを自分流にしていく

宇野 弘恵

1 長きにわたる教材研究法の模索

初任で五年生を担任した五月の家庭訪問。ご自身が教師のS先生は、お子さんのお話をした後に国語の教科書を出すように言いました。そして、

「先生、参観日で国語の授業見たわ。でも、あれじゃ、子どもは付いてこないわよ。子どもが楽しいと思って勉強できないわ。この教材だと……」

と、授業のつくり方を教えてくださいました。

　いまならもしかすると○○ハラスメントとかになるのかもしれませんが、当時の私は、腹が立ったり傷ついたりなど全くしませんでした。自分の授業がうまくいっていないことはわかっていましたし、困ってもいました。ですからS先生のご助言はたいへん有難く嬉しく思いました。

　S先生は、私にざっと教材文を解説し、どう授業につなげるかを見せてくれました。そして、読むべき本を示し、校内で国語授業に長けているM先生を挙げ授業参観をするよう

薦めました。

翌日、私は早速M先生に授業を見せてもらえるようお願いしました。M先生は快諾くださり、放課後も授業づくりについて教えてくれました。年に何度か授業参観しつつ、S先生に薦められた本を買って読みました。地元の付属小の研究大会で「優れた」と言われていた授業もいくつか見ました。おかげで、自分なりにどこをどう授業するかを考え、少しはましな授業になったように思います。

その後、結婚、二度の出産と育休などで慌ただしくしていたこともあり、教材とじっくり向き合う時間がもてなくなっていました。二度目の育休明けの後の二〇〇三年一月、民間の教育セミナーで初めて野口芳宏先生の国語の模擬授業を受けました。「ごんぎつね」の授業でした。

野口先生の授業は息をつく間もないほどおもしろく、なぜ?を追求したくなる授業でした。国語は答えがたくさんあると思っていたのに、野口先生の授業は一つの語を根拠に論理的に展開していきます。世の中にこんなにおもしろい国語授業があるのかと衝撃を受けました。

どうしたらあんな授業ができるのか、私もあんな授業がしたいと強く憧れました。しかし、どうしたらよいのかわからないのです。とりあえず、教材文全文をノートに視写し、ピンときた個所や「おや？」と思った個所に線を引いたり矢印で繋げたりして考えますが、どうやっても野口先生のような授業にはなりません。野口先生の本も随分読み漁りましたし、先生がいらっしゃる度に足も運びました。が、教材の読み解き方、それを授業に繋げることの具体が私にはわかりませんでした。

そうして我流の手探りで授業をしていた頃に出会ったのが平田治先生です。二〇〇八年八月、これも民間教育セミナーでのことでした。平田先生は、東大などで教育学を研究していた宮坂義彦氏のもとで教材解釈などを学ばれてきた方です。私は今日まで幾度となく平田先生から教材解釈、教材研究について教わってきました。二〇一一年十二月の学習会で、平田先生は「おさるがふねをかきました」を教材としました。

おさるが　ふねを　かきました　　まど・みちお

ふねでも　かいて　みましょうと
おさるが　ふねを　かきました
けむりを　もこもこ　はかそうと

えんとつ　いっぽん　たてました
なんだか　すこし　さびしいと
しっぽも　いっぽん　つけました
ほんとに　じょうずに　かけたなと
さかだち　いっかい　やりました

最初に提示されたとき、私は「ほのぼのとした詩」くらいにしか思いませんでした。難しい表現やわからない言葉など一つもありません。読んで意味もわかります。

平田先生はまず、「へんだ、おかしい」と思うことは何かを問いました。そう言われてもさるがふねを描くことくらいしか思いつきませんでした。でもそれって詩の世界の中でのことだから取り立てるほどではないのでは?というところで思考停止となりました。

ここで気づくべきは「ふねにしっぽを付けることの異常性」です。普通、ふねにしっぽなど付けません。それなのになぜおさるはふねにしっぽを付けたのかと考えると、前後の語に目が向きます。「なんだか　すこし　さびしいと」とあるから、ああ、なんだ、おさるはさびしいからふねにしっぽを付けたのかとなります。

ところが「さびしい」とは、「友達がいなくて寂しい」という意味だけではありません。「懐が寂しい」のように「乏しい」「物足りない」に近い意味、「寂しい眺め」のように人に寂しさを感じさせる情景という三つの意味で使われています。この場合の「さびしい」は、果たしてどれなのでしょう。

そう考えると、第一連の「ふねでも」の「でも」に目が行きます。「ふねでもかいてみましょうと」と思うに至る前提には何があったのかとなります。お絵描きをしようと思ってから何を描こうか考えたのか、そもそも絵を描く以外の選択肢をもっていたのか、ふね以外のものは浮かんでいたのかなど第一連に至るまでの条件設定が浮かびます。

「かいてみましょう」の「みる」も気になります。なぜ「かく」ではなく、「かいてみる」なのか。このさるは最初からお絵描きがしたかったのか。それとも他にすることがなくてしたのか。そんなことに思考が向きます。そうすると、なぜ煙突にけむりを吐かせたか、しっぽのあるへんなふねを「ほんとにじょうずに描けた」としたのはなぜか、逆立ちしたのはなぜかなどに思考が向きます。

「さびしい」を「仲間がいなくて寂しい」と捉えれば一人ぼっちで寂しかったから異質な存在のふねにしっぽを付けて仲間に仕立てたと捉えられます。姿かたちは違っても、相手を仲間と見ることができれば寂しくないという解釈が成り立ちそうです。「さびしい」を「物足りない」とすれば、しっぽを描くことでにぎやかにし満足できたと読めます。こちらは、自分と異質なものに自分の要素を付け加えれば満足できるとの解釈が成り立つでしょうか。たった一つの語の見方で親和的だった文章が新奇的な文章になるのです。これが、解釈や素材研究の入り口であることを平田先生から教わりました。

2 教材研究法の確立

前章で堀さんが触れたように、私は国語科の専門教師ではありません。私に教材研究をご指導くださったS先生も平田先生も、実は国語科出身ではありません。小学校にはこうした先生がたくさんいると思います。

国語を専門に学んでこなかった先生たちにとって、教材研究を愉しむ以前にどうやって教材研究をするかがあるのだと思います。「教材研究を愉しむ」域に至るには、まず、校内の先生たちの授業を見たり書物で知識を得たり「これぞ！」と思う先生の授業を追い求めたりしながら、自分なりの教材研究法を確立することではないかと思います。

（参考・引用文献）「おさるがふねをかきました」まど・みちお
『追求の授業に生きる』宮坂義彦著　平田治編／解説　一莖書房　二〇二一年

2 こだわりとフィードバック

堀 裕嗣

新卒一年目の夏休みのことです。私は十一月に初任研の研究授業を控えていました。夏休みはそのための教材研究をすると決めていました。教材は既に「少年の日の思い出」（ヘルマン・ヘッセ作／髙橋健二訳）に決まっていました。私はその年、中学一年生を担任していたのです。

夏休みの前半にあった部活の大会を終えて、私は今日から教材研究だと決意していました。何から始めようかと考えて、とにかく本文をじっくりと読まないと何も始まらないと考えた私は、とにかく全文をワープロで打ち込んでみることにしました。一文一文ゆっくりと、一文一文じっくりと検討しながら打ってみるのです。ほんとうは手書きで視写するのが良いのでしょうが、ノートをきれいに取ることにこだわりのある自分は、写し間違いやメモのミスなどがあった場合、すぐにやる気を失います。それなら鉛筆を使って消しゴムで修正すればいいじゃないかと思うかもしれませんがそこにもこだわりがあって、当時は万年筆以外は筆記用具ではないと強く思っていたのです。修正液があるだろうと思うでしょうが、これまた修正液を使った箇所がノートの色が変わるのがいやなのです。修正液の施された箇所はまるで、「お前はここを間違えたんだぜ」とノートに言われているような気がするのです。そんなこんなでいやになってしまって、これまで何度も時間を無駄にしてきた私は、すぐに修正・訂正できるワープロを選んだわけです。

客は夕方の散歩から帰って、わたしの書斎でわたしのそばに腰かけていた。

第一文を打ち込んでみます。冒頭の文節から引っかかりました。なぜ「客は」なのか。「客が」とはどう違うのか。「客が」だと「客」との距離が生まれる。場合によっては突き放しているようにさえ感じられる。「客は」だと「わたし」との距離が近くなる。「他ならぬこの客が」と言っている。「わたし」は客に愛着を抱いている。そんなことを思いました。「夕方の散歩から帰って」。ドイツには夕方に散歩する習慣があるのだろうか。この散歩は「客」が一人で行ったのか。それとも私も同行したのか。「わたしの書斎でわたしのそばに腰かけていた」というが、この家に客間はないのか。ドイツで書斎とはどういった場所なのか。書斎に招き入れるということに何か特別な意味はあるのか。次々に問いが生まれます。もちろんネットなどない時代ですから、すぐに調べるわけにもいきません。かと言って図書館に行って調べるほどの問いでもない。必然的にこれらの問いはメモされるだけで放置されます。第二文に進みます。

昼間の明るさは消えうせようとしていた。

「わたし」は「昼間の明るさ」をどこで見た？　外か？　書斎か？　いまいるのは書斎。とすれば「昼間の明るさ」は書斎の昼間の明るさか？　それとも外か？　とすると、「わたし」は「客」と夕方の散歩に行って「昼間の明るさ」を見たのか？　でも、「夕方」と書いてある。いや、夕方が明るい季節もある。季節はいつだ？　日照時間はどのくらいだ？　ドイツの緯度って何度くらいだ？　何もわからない。そもそもヘッセの住まいはどこなのかささえわからない。

「消えうせようとしていた」だから、完全に消え失せてはいない。しかし、暗くなり始めて完全に暗くなるまでの時間帯の後半ではある。「消えていた」とか「消えかけていた」とかではなく、「消えうせようとしていた」わけだから。問いが放置される。しかし、その暗さのイメージは湧き上がり始めている。うん。自分はこの文章に入り込み始めている。映像が浮かび始めている。自分が「わたし」の見たものを見ようとし始めているのを感じていました。

窓の外には、色あせた湖が、丘の多い岸に鋭く縁取られて、遠くかなたまで広がっていた。

文章が情景描写に移る。私にはこの情景がありありと浮かんできました。私の出身はサロマ湖畔の小さな町です。サロマ湖を砂州側から見ると、ちょうど「丘の多い岸」に「縁取られて」「遠くかなたまで広がってい」るように見えるのです。「鋭く縁取られ」るだけがいまひとつイメージできませんでしたが、それでもこの情景が「自分のもの」になりつつあるのを確信していました。

結局、この作業にはまる三日間かかりました。それも一日十五時間から十八時間くらい集中して取り組んでまる三日です。「少年の日の思い出」は教科書にして十三頁にわたる割と長い教材です。いま私が引用した三文はそのうちの三行にも満たない文量でしかないのです。三日間で出来上がったのは「少年の日の思い出」の全文ワープロ打ちと、千を超える膨大な疑問でした。四日目、私は図書館が開くのを待って、膨大な問いとともに地下鉄に乗りました。心ならずも放置した問いたちが次々に解決していくのをイメージしながら、ある種の高揚感を抱いていました。しかし、一日中図書館で本とにらめっこしても、それらの問いは五十も解決しませんでした。ドイツの緯度とか、ヘッセの住まいとか、割と教材のテーマとは遠い事実関係くらいしか解決しなかったのです。自分で考えろということだな。帰路に就いた自分の背中が見えるような気がしたのをよく覚えています。

それでも私は前向きでした。自分の頭で、自分の読解力で、できる限りの教材研究と授業づくりをしようと邁進しました。先行実践を頼ることなく、ヘルマン・ヘッセの作家論・作品論に手を伸ばすこともなく、文章構造図をつくり、教材解釈を連ね、全時間の指導案をつくり、生徒たちの反応をすべて打ち込んで分析し、十一月には十数枚の指導案と百数十枚の資料編をつけた冊子が完成しました。

いま、あれから三十年が経って、あのときの教材研究がいかに浅かったかということが私には身に染みて理解されています。しかしまた、あのときの自分がなかったらいまの自分もないとしみじみと想うのです。その意味で、あのときの自分の営みが決して無駄ではなく、自分という実践者を基礎づけてくれたとも想うのです。それがどれだけ浅い教材解釈であったとしても、そこには「濃度」がありました。浅くても、薄くはなかった。百％を超える濃度です。果汁一二〇％のフルーツ・ジュースみたいな、ありえない濃度にまで自分を到達させようとしていました。あの取り組みは私の人生にとって必要で、尊い時間でした。一九九一年の八月六日から十一月十四日までの三か月余りのことです。

若い人たちにこんな教材研究と指導案づくりを勧めたいと考えているわけではありません。別に指導案に百枚以上の資料をつける必要もありません。しかし、私が「少年の日の思い出」の冒頭三行を例に提示したような、あのような自分の読解力だけを頼りに細部まで読み込んでみるという読み方を一度も経験したことのない教師には、国語は教えられないとは考えています。自分が人生において一度も文章と格闘したことがないのに、主語の助詞一つ、文末の助動詞一つにとことんこだわって吟味したこともないのに、子どもたちに文章を読ませることも書かせることもできません。

子どもたちの中には、直感的に言葉のディテールを読んでいる子がいます。子どもたちの中には助詞一つにこだわって作文を綴る子もいます。この経験をもたぬ教師は、その子たちに助言を与えることができないのです。必然的に、その子のこだわりを理解することも発見することもできません。褒めることも感動することもできません。

教材研究の愉しみとは、自分のこだわりの経験をもとに、子どものこだわりに気づき、それを子どもと共有することでフィードバックが得られたときに、最も色濃く生まれるものなのです。こだわりの経験をもたぬ者は、子どもからのフィードバックも得られないわけですから、その愉しみに浴することはできないのです。

3　平易な言葉による新しい世界観

堀　裕嗣

宇野さんがまど・みちおの「おさるが　ふねを　かきました」を例に、教材解釈に斬り込んでいく視点を提示しました。詩がだんだんと自分の中に入り込んでくる過程のようなものを自らの思考に沿って論述していたわけです。少々意味論に偏りすぎているきらいはありますが、宇野さんが伝えようとしているディテールへのこだわり方はよくわかります。ただ、この詩はもう少し音韻論にもこだわるべきかもしれないとは感じました。

宇野さんは当初、疑問と言ってもそれほど取り立てて言うべきことはなく、思考停止に陥ったと言います。私はこれを読んで、ああ、若い人たちが陥っているのもこの感覚かもしれないな、と感じました。基本的に教科書掲載の詩は、平易な言葉で書かれています。一つ一つの語の意味もわかる。必然的にスラスラ読める。従って、最後まで読み通したとき、その描かれている世界を理解できているように錯覚してしまうのです。ちょうど、宇野さんが「おさるが　ふねを　かきました」を読んだときの初発の感想のように。

しかし、その後宇野さんが証明して見せたように、一つ一つの語彙が平易だからと言って、その世界観まで理解できていると思うのは早計中の早計なのです。例えば私たちは、「消しゴム」という語を知っています。「悲しみ」という語も日常的に使っています。どちらも平易な言葉です。それらを私たちは実態として、或いは実感として充分に捉えることができます。しかし、「消しゴムの悲しみ」と二つの語が連鎖したとき、「消しゴム」という語について私たちが日常的に意識している道具としての機能性や、「悲しみ」という語がもつほのかな甘さやノスタルジーが、途端にどこかに後退してしまい、新しい世界観、これまで考えたこともない世界観が湧き上がってくるのです。ああ、もしかしたら消しゴムは悲しんでいるかもしれないと。

まど・みちおという詩人は、平易な日常語を連鎖させ、新しい世界観を提示する天才です。しかも、私たちを「わからない。けど、わかりたい」へと誘《いざな》う天才でもあります。

まど・みちおに「キリン」という次のような詩があります。

キリン　　　　　　　まど・みちお

みおろす　キリンと
みあげる　ぼくと
あくしゅ　したんだ

めと　めで　ぴかっと…

そしたら
せかいじゅうが
しーんと　しちゃってさ
こっちを　みたよ

第一連はまだイメージできます。比喩を用いて、目が合った瞬間を描写しているのだと解釈できます。でも、第二連ではいったい何が起こっているのでしょうか。「そしたら」とありますから、そこには因果関係があります。第一連のようなことがあったから、「せかいじゅうが／しーんと」したのです。「こっちを　みた」の主体はいったい誰なのでしょう。一つ一つの語彙は平易で、何一つ理解できない言葉などないのに、全体としてはこの詩の世界観を紡げないのです。詩の言葉というものが、語の集積でできているものなどではなく、連鎖し、読者を迷わせ、それでいて誘い、日常の世界観を倒壊させ新しい世界観の構築を求めてくるものであることを実感させられます。

まど・みちおにはこんな詩もあります。

リンゴ

リンゴを　ひとつ
ここに　おくと

リンゴの
この　大きさは
この　リンゴだけで
いっぱいだ

リンゴが　ひとつ
ここに　ある
ほかには
なんにも　ない

ああ　ここで
あることと
ないことが
まぶしいように
ぴったりだ

「まぶしいように　ぴったり」な存在と非存在とは、いったい何を表しているのでしょうか。この平易な日常語の連鎖によって、どのような世界観を構築せよと私たちに求めているのでしょうか。これを愉しめる人と愉しめない人との間に、教材研究のできる人とできない人の溝もあるような気がしています。

（引用文献）「キリン」「リンゴ」まど・みちお

4 スタートラインに立つ

宇野 弘恵

1 スタート地点の専門的知識

同じ新卒一年目なのにこうも違うか……と、堀さんとのスタート地点の違いに改めて慄いています。しかしこれは、堀さんが中学校国語科教師だからということだけではないと思いますし、私が国語科専門ではない小学校教師だからということだけでもないと思います。能力の差と言ってしまえば身も蓋もありませんが、それ以上に教材との向き合い方の差が大きかったのではないかと思います。

新卒のとき、堀さんはあくまで自分の力で問題解決をしていました。人に頼らず先行実践に頼らず、自分の頭で考え続けました。自分で調べ自分で得たことだけを頼りに教材研究をしました。対して私は、人に助けられ人が指南する方向で教材研究をしてきました。もちろん手取り足取り教わったわけではないですからその後は自分の頭で考えてやってきたわけですけれど、いま振り返ってみてどこか人に頼ってやってきたなあと思います。

では、なぜスタート地点の違いがあったかと言えば、やはりそこには専門的な知識の差もあったのではないかと思うのです。なぜ堀さんが誰にも頼らず教材研究を進めて来られたかというと、それは教材のどこに着目すれば読めるのかがわかっていたからなのではないでしょうか。

例えば私が挙げた「おさるが　ふねを　かきました」にしても、教材全体を漠然と見てしまっては何も読み取ることはできません。「おさるがふねをかいた」「ふねに煙突を描きけむりを吐かせた」「ふねにしっぽを描いた」「出来栄えに満足して逆立ちした」という、書いてある通りの事実がわかるだけです。それは文字さえ読むことができれば誰でも読めることです。これでは教材文を読んだことにはなりません。

優れた書き手は、いかに親和性の高い文章にするか、それでいてかに自分だけが発見したことを伝えるか、違和感のない文章にするかに腐心します。そのために、助詞一つを注意深く選び取って書きます。言葉を精選し、平仮名か漢字か句読点はどうするかといった表現にもこだわって書きます。

ところが、書き手は注意深く慎重に意識的に書くのに、読み手は書き手のこだわりに立ち止まれずにオートマチックに読んでしまいます。「頭がいい」と「頭はいい」の違いに気づけずに自動的に読んでしまいます。だから読み手になったときは、言葉一つ一つや助詞や句読点の意味をかみしめながら読まなくては書き手の意図は読み解けないのです。

新卒の頃の私には、こうした知識はありませんでした。のちに平田先生から実践的に教わってわかったことです。ですから、新卒の頃はどこからどう手を付けていいかわからず人の薦めに従って何となく教材研究をしていたのだと思います。最初から語にこだわる構えのあった堀さんと違うのは、こうした知識の違いも大きいのだと思います。

2 論理とイメージ

堀さんは、前項でこう言っています。

教材研究の愉しみとは、自分のこだわりの経験をもとに、子どものこだわりに気づき、それを子どもと共有することでフィードバックが得られたときに、最も色濃く生まれるものなのです。

「こだわりの経験」とは、単に文章を分節化し語にこだわることではありません。語にばらして語の意味がわかったところで教材が読める、わかるわけではありませんから。

平田先生に学び始めの頃、私は嬉々として語を調べました。わかっていると思っていた言葉に意外な意味もあることを知り、助詞をはじめ文章中のあらゆる言葉を調べまくりました。結果生まれたものは単なる分析でした。事実をより詳しくわかったというだけの分析でした。これでは、結局何もわかっていないのと同じことです。

素材研究をするということは、その教材文を読み解くことです。読み解くとは、その文章をどのように論理的に読んだかという解釈です。いかに語を手掛かりに論を紡ぎ、いかにイメージを拡大したかという解釈です。語や文、文脈一つ一つをどう判断しどう理解していくかというこだわりで教材文に向き合う経験が、堀さんの言う「こだわりの経験」なのだと思います。

堀さんのレベルまでとはいかなくとも一度「こだわりの経験」をしてみるとわかるのですが、こだわってつくった授業は格別にワクワクします。こちらの予想を上回る答えが返ってくることもありますし、完全に肩透かしを食らうこともあります。「そうきたか！じゃあ、これでどうだ！」みたいな返し発問をするのもおもしろいし、子どもの反応から教材研究をしているときには生まれなかった発問が浮かぶこともあります。それが妙にヒットし、一気に核心に迫る授業展開になることもあります。

こうした授業の積み重ねが新たな解釈を生み、教材研究を深化・進化させていきます。同じ教材を何年もかけて教材研究しても、その度に新しいことが見えるようになります。こうなるにはかなりの年月がかかりますが、まずはやってみることですね。

5 教材研究を愉しむ―国語編

堀 裕嗣×宇野弘恵

宇野　国語を専門とする先生方、とくに国語を専門に教えている中学校の先生方って、みんなが堀さんのように自分で教材解釈、教材研究ができると思っていたのですが、そうではないのですよね、きっと。それはなぜなのですか？

堀　いきなりすごいこと訊くね（笑）。

宇野　え。そうかな（笑）。

堀　基本的にさあ、宇野さんが「教材解釈」って言ってるものって、詩と近代文学でしょ。でも、国語を専門とするって言っても、古典文学や漢文学、民俗学、国語学、国語教育を専攻していた人もいるわけで、誰もが近代文学を専攻していたわけじゃないでしょ。そういうことだと思うよ。

宇野　あああ、そういうことか……。じゃあ、堀さんみたいに近代文学をやってきた人たちはみんなできるってことかしら？

堀　まあ、普通の人よりは読めるんじゃないかな。間違いなく読み慣れてるからね。

宇野　なるほど。ああ、そう言えば中学校の国語の先生に書道専門の人もいますね。それを考えれば、国語科といってもみんな一緒ではないことはわかります。では、堀さんが文章を読めるというのは、何をもって判断するのですか。

堀　テーマとかプロットとかが、作品のディテールすべてと矛盾することなく一つの世界観として構成できるってことだね。

宇野　ああ、それは語だけを分析した結果、理屈だけは合ってるけど作品の世界観から大きくはずれた乾いたものに見えるときに「読めてない」と感じるってことと同じ？

堀　もう少し詳しく。

宇野　例えば「きつねの窓」を、子ぎつねが姿を見え隠れさせながら主人公をお店に誘導し、最終的に鉄砲を奪い母親の敵を討つとか、人間への仕返し的な読みにしてしまうということです。語だけで解釈するとそう読めなくもないのかもしれませんが、作品全体に流れている哀愁とか母親への想いとかからすると、子ぎつねの陰謀論的読みは違和感があるという。

堀　ええーっ！　そんなふうに読んでいる人がいるわけ？

宇野　子どもは結構そう読みますよ。鉄砲を奪う＝母を奪われた恨み！みたいな。私はこの教材を教えたことがないからわからないけど、教師にもいると思うな。

堀　なんだ。子どもの話か。もしそういう世界観が描かれているのだとしたら、子ぎつねの人物描写やそれに伴う情景描写なんかにそういう方向性が描かれるはずなんだよね。でも、「きつねの窓」にはそれがない。人間の狩りで母親を奪われた子ぎつねの淋しさと、戦争で母親と妹を奪われた「ぼく」の淋しさが示唆されているだけ。

宇野 だからこそイメージなんだと思うのですよ。

堀 あの物語は子ぎつねの淋しさと主人公の淋しさがシンクロされるようにイメージが統一されてるよね。それを直接的には台詞でも語りでも描かないでしょ。名作だと思う。さすが安房直子って感じで。

宇野 本当ですね。安房直子作品は、言葉に本当に無駄がない。音読したらわかりますが、あれほど必要な言葉だけで過不足なく描かれたものはないといっても過言ではないと思います。

堀 そうね。安房直子の文体にはちゃんと音楽がある。ファンタジックな児童文学だから、安房直子自身も読み聞かせを意識して書いていたんだと思うよ。

宇野 こういうこともきっと堀さんが言う「リンゴ」を愉しめるということにつながると思うのですが、その愉しめるかどうかの違いってどこにあると考えていますか。

堀 それはねえ、経験だね。経験というより記憶。

宇野 幼少期の?

堀 うん。「きつねの窓」なら幼少期の記憶だね。

宇野 「リンゴ」なら?

堀 「リンゴ」なら、僕の場合だったら高校時代から大学時代の記憶かな。ああいう世界観に浸っていたのは。

宇野 ということは、教材が読めるってことは、語に関する知識や文脈を繋げられる論理的思考の他に、作品の世界をいかに自分の世界と繋げてイメージできるかということが関係するということですかね?

堀 例えばね、僕とか宇野さんが幼少の頃ってのは、家庭に温かさがあるだけでなく、家庭を包み込む時代も高度経済成長期だったわけだよね。そこに何が言えるかっていうと、僕らの幼少時代は僕らを育てている親世代も自分たちの今後に期待を抱けた時代だったんだろうということ。きっと僕らの親はあの時代、現在の同じ世代よりもずっと上機嫌に毎日を過ごすことができていたんだろうと思う。僕らはそういう親に育てられた。だから僕らの世代の多くは、一点の曇りもなく親の愛情みたいなものを信頼できる。でも、現在の若者たちの多くは物心ついたときからずっと不景気だった。きっと親が経済的に困ってる姿とか、不機嫌になっている姿とか、そういうのを僕らよりは見る頻度が高かった可能性が高い。それだけに止まらず虐待とかね。「毒親」とか「親がちゃ」って言葉は、そうした背景で出てきた言葉だと思うんだよね。だからそんな幸せな幼少時代みたいのが前提となっている物語を受け取る基礎体力みたいなものが僕らより欠けている。要するに僕らには戻れるものなら戻ってみたいという前提となる記憶がある。若者たちにはない。そういう意味での「記憶」。

宇野　なるほど……。とすると、仮にそういう「記憶」をもった若者が物語の世界観を理解することができたとしても、それをいまの子どもたちに授業することは難しいということですね。そういう世界観をもたない若者がこの物語を読むこともさらにそれを授業することも簡単なことではないですね。そういう場合は、何かで埋められるものなのですかね?

堀　いや、埋められないでしょう。定番教材と言われるものも少しずつ時代の役割を終えて、教科書から消えていくんじゃないかな。「きつねの窓」なんて七十年代前半に書かれているから、七十年代前半の感性で書かれているわけでしょ。要するに、僕らの世代が子どもだった、その時代にぴったりの感性であるわけだよね。

宇野　確かに教科書教材が少しずつ「現代」に近づいていますね。「ごんぎつね」「一つの花」が教科書から消える日もくるのですかねえ。

堀　だってさ、いま本屋に行ってごらんよ。僕らが二十代の頃は、しょーもない普通の本屋でもプロレタリア文学とか自然主義文学とか白樺派とかの文庫本がずらりと並んでいたでしょ。いまは小林多喜二も島崎藤村も有島武郎も一冊も置いてない本屋の方が多いと思うよ。かつては三島由紀夫の新潮文庫なんて数十冊並んでいたよね。でもいまは数冊。漱石や鴎外や芥川でさえ数冊。そういうことだよ。

宇野　哀しい……。ああ、新教材に傾倒できないのは、現代の感性に合わせた作品に入れ替わっているからか。そうすると、私たちが新しい世代を理解する時代になったということですね。時代がそう変化しても教材研究は愉しめますかねえ?

堀　まあ、僕らはいまのままの感性に支えられたいまのままの手法を発展させていけばそれなりに教師生活を終えられると思うけど、「これからの教材研究」ってのを考えたらちょっとわからないね。教材研究からウェットなものが消えてきているでしょ。若い人たちの学級通信なんて読んでいると、学級通信からもウェットなものが消えてきている。僕らの感覚とは随分と違う。使われる言葉自体が硬直してきているのを感じる。

宇野　そう考えると、道徳の方が柔軟に教材研究や授業づくりができるように思います。むしろ世代のギャップを埋める役目も果たせる可能性があると思います。

堀　そうね。僕らにとっては国語より自由度が高いかもしれない。文学教材と違って、道徳教材には僕らは思い入れがないからね。いくらでもいじれちゃう(笑)。

第４章
授業づくりを愉しむ
―道徳編

1 問題意識をもって見る

宇野 弘恵

① 道徳教科書の中にある偏り

小学校で道徳が教科化された年（平成三〇年・二〇一八年）に、道徳の各教科書会社の教科書編集委員の男女比を調べたことがあります。

	（全体／女性）
A社	一四名中五名（約三六％）
B社	二五名中四名（約一六％）
C社	三四名中五名（約一五％）
D社	四二名中六名（約一四％）

教科化になった四年前は圧倒的に男性が多いことがわかります。四社を平均すると女性の委員率はたった一七％程度です。現在はもう少し女性の比率は上がっていると思います

が、男女比が反転していることはないでしょう。ざっと調べましたが、よくて半数に近づく程度で四年前とほぼほぼ変わりはありませんでした。

次に、教科書に載っている偉人の女性率も調べました。ただしここでは、偉人を歴史上の人物を含めた実在の人物としました。ネット上に紹介されたものから拾いましたので、もしかすると会社によって偉人として挙げている基準が異なる可能性はあります。

A社　三一名中一二名（約三九％）
B社　三七名中三名（約八％）
C社　二八名中五名（約一八％）
D社　一三名中二名（約一五％）

調べてみてわかったのですが、低学年時では全く女性が扱われず中には五年になってようやく女性が登場する会社もありました。驚きです。

注目してもらいたいのは、各社の編集委員の女性比率と女性偉人の採用率です。割合女性編集委員が多いA社は、女性偉人の採用率が半数に迫ります。対して女性の委員率が二割に満たない残り三社は女性偉人率が大きく下がります。特にB社とD社の偉人は、ほぼ男性のみとなっています。

教科書上で紹介される「凄い人」が男性ばかりという状態は、子どもたちにどう影響するのでしょうか。私は、「偉人は男性しかいない」「優れた人は女性には少ない」というかくれたカリキュラムになっている可能性があると考えています。もっと言うと、「だから男性は凄いのだ＝だから女性はダメなのだ」「男性は凄いから偉いのだ＝女性は凄くないから偉くもないのだ」という偏った男女観を植え付けている可能性すらあるのではないかと思っています。これは憶測ですが、男性目線でつくった教科書だから男性自身がこの構造に無自覚であり、男尊女卑的視点を与える可能性に気づきにくいのではないでしょうか。

こうした懸念に配慮してか男女平等の世間の声を気にしてかはわかりませんが、ある出版社のホームページに読み物資料の男女の事例比を同数になるよう配慮している旨が書かれています。他社も調べてみたところ、確かに男女に偏りが出ないよう配慮されているように見えます。では、読み物資料の中身はどうなのでしょう。

いくつかの教科書会社に掲載されている「すれちがい（五年）」という教材があります。一緒にピアノ教室に行く約束をしていたA子とB子。ちょっとした連絡の行き違いからA子が待ちぼうけを食うという内容です。はじめにA子視点の内容が、次頁にB子視点での内容が書かれており、多面・多角的に事例を捉える工夫がなされています。

A子視点の教材文は、次のように終わっています。

「ごめんね。あのー。」

とおそくなった言いわけを始めたけど、わたしは知らん顔をしていた。（なによ。約束を破っておいて。今さら。）と思った。もう、B子さんとは、付き合いたくなかった。

こうして二人は喧嘩になるわけですが、実際の五年生女子ってこんなふうに本音を出してあからさまに無視するかなあと疑問に思います。そんなことをしたらあっという間に「感じ悪い」「何か知らんけど勝手にキレてる」と噂を広められ、「あいつうざい」とハブられるのではないでしょうか。五年生女子はそんなリスクなど犯さず、表面上は「いいよ」「全然平気」と繕いつつ内心もやもやして終わったり、陰で「B子にすっぽかされた」と言ったりするのが現実的ではないのかなあと思うのです。

あるいは悪口を言われたりハブられたりしないように、もっと相手の顔色見ながら話すのではないかと思います。内心腹が立っていても、「ごめんね」と言われた時点で笑顔で事情を訊いたりするのではないかと。この年代の女子の多くは一人ぼっちになることを恐れますので、簡単に友達と対立しないというのが私の見立てです。

何が言いたいかというと、読み物教材も男性視点で書かれているのではないかということを取り上げたいのです。一つの教材文で判断するのには過誤があるかもしれませんが、男性の編集員が多いということは男性視点で教材を見ている可能性は少なからずあると思います。登場人物の男女比を揃えても、振る舞いや感情の表出の仕方が男性的であれば、いつも男性的な生き方について考えることになります。これは女子のものの見方を狭めるだけではなく、男子のものの見方をも狭めることになるのではないでしょうか。

2 自主教材とのコラボ

以上の観点に立ち、教科書教材を授業化するときには自主教材とコラボさせることにしています。

偉人の教材であれば、男性を登場させた後に女性の偉人も並べて登場させます。例えば雪の研究家・中谷宇吉郎さんが教材のときは、先日（二〇二二年八月十五日）一〇七歳でお亡くなりになった日本初の女性カメラマン・笹本恒子さんを登場させます。

中谷さんも笹本さんも、自分の好きなことをとことん突き詰めた方です。周りから無理と言われた研究を続けたことや、女性がカメラマンになることを揶揄される時代にもかかわらず我が道を突き進むところに共通性があります。何度失敗してもあきらめずに研究し続けた中谷さんの姿と、「女性だから」「もう年だから」を言い訳にせず写真を撮り続けた笹本さんの姿も重なります。共通点を示し男女を同時に提示することで、男性ではなく人間としての素晴らしさを伝えることに繋がると考えます。

読み物教材であれば、欠けていると思われる女性視点を補完します。例えば「すれちがい」の学習では、同じようにすれ違う内容のお話を自作します。教科書のような展開ではなく、表面上取り繕いながら陰で悪口を言おうとしたり、相手に気をつかって波風が立たないように行動したりする様を描きます。

登場人物を実際の五年生女子像に近づけることによって、女子からは「あるある」「わかる～」と声が上がります。男子からは「女子ってめんどくさいな」「女子って恐いな」と感想が漏れることもあります。実感をもって考えている証拠です。女子にとっては実感を伴ってより自分事として考えることができます。男子にとっては異性がどのような思考をするのかを学ぶことができます。特に、実生活で女子的思考をしながら道徳授業では男性的思考を強いられる女子の矛盾を軽減できる効果が期待できます。

教科書に欠けている、あるいは偏っている部分を自作し授業に組み入れることで、現実味のある授業を展開することができます。そのためには、まず、自分なりの問題意識をもって教科書教材を見てみることをお勧めします

2「もっと深く、もっと広く」の主体性

堀 裕嗣

1 もっと深く

芥川龍之介に「蜘蛛の糸」があります。地獄に落とされた犍陀多のエゴが中心的な出来事として描かれています。犍陀多は自分だけが助かろうと、後に続いて蜘蛛の糸を昇ってきた他の罪人たちに昇ってくるなと叫びます。これはオレの糸だと……。それを見た御釈迦様はせっかく救おうとしたのにまだその姿勢かと哀しく感じ、蜘蛛の糸を犍陀多の手元で切るのです。有名な作品なので、みなさんもストーリーは御存知だろうと思います。

「蜘蛛の糸」は文学作品ですが、道徳でも取り上げられる作品です。道徳では犍陀多の心の在り方に焦点化して、犍陀多の自己中心的な行動の在り方に当然の罰が下ったのだと解釈します。もしも犍陀多がこのような自己中心的な発言をしなければ、御釈迦様は犍陀多を救ったに違いないというわけです。或いは犍陀多の自己中心的な態度から「人間の弱さ」を抽象する在り方もあり得ます。このような非常事態では自分が助かりたいと思ってしまうのは仕方ない行為だ。私たちはそうした人間の弱さを自覚したうえで、これからの

人生を生きていかなくてはならない。そうしたまとめです。どちらの場合も、道徳の授業として成立させることはさほど難しいことではないでしょう。子どもたちもそれなりに深く考え、意見交換するに違いありません。

しかし私は、こうした授業を「蜘蛛の糸」に対する冒涜だと感じています。作品の末尾に次のような叙述があります。

しかし極楽の蓮池の蓮は、少しもそんな事には頓着致しません。

「蓮池の蓮」という「そんな事には頓着」しない存在。それがこのように叙述されるということは、「そんな事」に「頓着」している存在があるわけです。言うまでもなくそれは犍陀多であり御釈迦様であるわけですが、ここでは語り手が犍陀多を相対化して見ている御釈迦様をも相対化して見ていることが窺えます。こうした犍陀多の在り様に拘泥する御釈迦様もまた、犍陀多同様、「そんな事」に「頓着」する相対化されるべき存在であるというわけです。自らが助けようとした罪人がそのエゴによって救われないことを哀しく思う姿勢、それもまたエゴであると。犍陀多と御釈迦様はそう変わらない存在であり、同じ位相にあると。そして「蓮池の蓮」こそが犍陀多や御釈迦様を超越した畏敬すべき存在であると。ここにこそ「蜘蛛の糸」の語り手の批評性があると言えます。

私はそうした「物語」（＝犍陀多と御釈迦様の間に起こった出来事）を「語り手」がどのように「批評」しているか、またその「批評」を読者がどう「批評」するかこそが文学鑑賞・文学批評の要諦だと考えています。つまり、「『語り手の批評』を批評する」わけです。さて、あなたは語り手のこの批評をどう捉え、どう批評しますか？　おそらくこれこそが、「蜘蛛の糸」が読者に投げかけている問いなのです。

私なら道徳で扱うにしても、①犍陀多の行為は是か非か、②御釈迦様はほんとうに犍陀多以上の存在か、③蓮池の蓮の超越性を確認したうえで、④「蜘蛛の糸」の語り手の批評性をどう考えるか、と進んでいくでしょう。子どもたちもちゃんと理解します。むしろ人助けを好んでしようとする人たちの欺瞞性を感じている子どもたちも多いですから、この展開には入り込む子どももたくさんいます。

これでもちゃんと道徳の授業として成立しているはずです。指導書より深いというだけのことです。私に言わせれば指導書の前提としている読み方が甘いのです。

2 もっと広く

道徳の授業を苦にしている教師は少なくありません。教科書教材を用いて綺麗事を指導するのが道徳、といった印象があるからだと感じています。子どもたちもまたそのことをよくわかっていて、綺麗事の意見を言うことに終始します。結果、教師と子どもたちとで世の中の綺麗事を確認し合う。道徳はそんな時間になっています。

おそらくそれは、教科書教材による授業が強制され、教師が主体性を発揮する要素が少ないことに起因しています。道徳教科書には「蜘蛛の糸」のような深く読もうとすれば読めるというタイプの教材は少なくて、どう考えても内容項目を強調するような読み方しかできない、そうした教材が並んでいるからです。その教材のポイントをどのように子どもたちに話し合わせるか、終末の説話で何を語るか、教師に許される裁量はその程度です。これでは教師が道徳の授業づくりを愉しむことは難しい。

そこで私は、教科書教材に自主開発教材を並列したり対置したりすることによって、子どもたちに二つの教材を比較検討させながら展開する授業を思いつきました。

例えばいじめの授業であれば、まずは自主開発教材であるいじめ事例を引いて、いじめでは被害者・加害者・傍観者・各保護者・担任教師・その他の教師・保護者に対応した管理職など、さまざまな立場の人がかかわっているということを扱う。そのうえで、教科書のいじめ当事者しか描かれていない教材を読む。そうすると、いじめ加害・被害の関係を読み取りながら、子どもたちは双方の保護者は何を考えたか、担任教師は何を考えたか、どうすればこの問題を解決し得るかと、広い視野から考えるようになります。要するに、前半の自主開発教材で教科書教材について考えるための多様な視点を与えたわけです。

例えば、中学二年のある教材に、出産をテーマに仕事をしているフォトグラファーの話があります。実際に撮影した写真を紹介しつつ、どういった想いでそのテーマを選んだかが語られています。しかしその後突然、その想いは阪神・淡路大震災で経験した想いとよく似ていると展開していきます。おそらく筆者としては出産を撮影するという話だけではわかりにくいと思い、震災の経験を挿入して「命」に対する想いを関連させることで説得力を高めようとしたのだと思います。しかし、これは逆効果です。

言うまでもなく、関西の震災は一九九五年のことです。現在（二〇二二年）の中学二年生は二〇〇八年四月から二〇〇九年三月に生まれた世代ですから、阪神・淡路大震災は既に歴史と化しています。国語科のように教科書教材を読解する場面があるわけではありませんから、短い具体例として挿入するには、少々無神経と言わざるを得ません。

そこで私は北海道に住んでいますから、もともとつくっていた胆振東部地震における厚真町の被害の授業を二十分ほど挿入しました。現在の中学二年生がこの震災を体験したのは小学校四年生の九月です。誰もがはっきりした記憶としてもち続けています。震災も出産も「命」の問題として捉えているという筆者の思想を子どもたちもよく理解して、多くの子どもたちが授業時間を超えて長い感想を綴っていました。

私はこのように、教科書教材と自主開発教材とをミックスすることで、教師としての主体性を発揮できない道徳授業のシステムに対抗することにしています。私としてはこれで道徳授業を愉しめるようになったわけです。このような授業の在り方を「シンクロ道徳」と名づけました。詳細は拙著『道徳授業一〇の原理・一〇〇の原則』（明治図書・二〇二三年）を御参照いただければ幸いです。

現在、「〇〇の教育」と、新しいものが次々に学校教育に導入されています。その度に教師は裁量を奪われ、忙殺される現実があります。かつての「ネガティヴリストの教育」（政治教育や宗教教育などこれだけはやってはいけないということが取り決められ、あとは各校・各教師の裁量に任せる教育）から「ポジティヴリストの教育」（時代の要請によってこれは大切だ、これはやった方がいいというものをすべて学校教育に引き受けさせようとする教育）へと移行し、やらなくてはならないことが格段に増えたのです。そればかりかこれからも増え続けようとしています。このままでは、教職が工場の製造ラインのように、全教職員が同じことをするだけの学校教育になりかねません。

授業づくりを愉しむ、学級づくりを愉しむ、教職を愉しむためには、そこにどれだけ自らの主体性を発揮させるか、その姿勢にかかっているのだと最近切に感じています。

3 機能性を高める愉しみ

堀 裕嗣

1 政治的イシューの回避

自分と宇野さんは、構造的に同じことを言ってるなと感じました。問題意識の在処が違うだけです。要するに不備・不足があると考えている教科書教材を自分の問題意識に引きつけて実践する、という構造を提案しています。その方が子どもたちに機能するという自らの実践を通しての実感も共通しています。宇野さんは明確に言葉に出していませんが、本書の企画から考えてその方が授業づくりを愉しむことに繋がるという思いも強く抱いているのだろうと思います。

道徳教科書に女性視点が不足していると宇野さんは言います。道徳教科書に不足しているのは女性視点だけではないでしょう。性的マイノリティ問題も不足していますし、同和問題も不足しています。政治問題になりますから、同性婚の問題や選択的夫婦別姓の問題も少なくとも現段階では取り上げづらいでしょう。おそらくマイノリティ差別の構造を問題視する視点が欠落しているのです。

性的マイノリティの人たちを差別しないことが大切だという教材はあり得ても、性的マイノリティの人たちがどのような差別を具体的に受けているのかを取り上げることはしない。アイヌ文化の素晴らしさを取り上げることはあっても、アイヌ民族が受けてきた差別を具体的に取り上げることはしない。それが道徳教科書の構造です。

おそらく、マイノリティ差別の構造を取り上げると、社会の差別の視線と闘う、闘って必ず勝ち抜くという闘争視点が浮上してきます。これらは教育の世界では長く道徳教育に抵抗してきた日教組やそれを含む左派の視点です。そうした視点を偏った権利意識、行き過ぎた性教育など、批判的に論じてきた議論の延長上に道徳教育はあります。言わば、それぞれの問題の本質的な構造を抉《えぐ》るような題材は極力排し、表層的な現象を扱うことでお茶を濁す。それが道徳教科書が綺麗事ばかりに陥る一番の原因なのだろうと思います。要するに、マイノリティ差別の構造に触れる可能性のある教材は、道徳授業には馴染まないと捉えられているのではないか。私はそう言いたいわけです。

② 道徳の裏にある人間観

宇野さんは高学年女子が「簡単に友達と対立しないというのが私の見立てです」と言います。そしていきなり対立してしまう女子が教材に描かれるのは、男性視点で書かれているからであり、現実的でないのではないかと。そういう面は確かにあるのかもしれませんが、主たる要因はそこにはないように私には思えます。

道徳教育は、人は「本気で思っていること」「本気で考えていること」を行動で示すものだという人間観で構成されているきらいがあります。つまり、現象的に起こっているネガティヴ事象は、その人がほんとうにネガティヴな思いを抱いているから起こるという前提で話が進んでいるのではないか、ということです。だから、考えを改めて、本気でポジティヴになることが求められる。道徳教科書の主人公は本気で改心しなくてはならないわけです。その証拠に、表面的に取り繕って仮面を被ることで摩擦を回避、事がスムーズに運びました、めでたしめでたしという教材を道徳で見たことがありません。

宇野さんの自作した教材は、おそらく表面を取り繕って仮面を被ることで摩擦を回避しようとする高学年女子を取り上げています。結果的にその仮面が剝がされ、そうした態度は悪だという帰結になるのならば道徳に馴染むかもしれませんが、そのまま時間に任せ、問題は気持ちよく解決するわけではないけれど、時間の経過とともになんとなく解消されていくという現実的な問題解決の在り方は、道徳授業の在り方に無意識的に巣食う前提的な人間観と齟齬を来すと考えられているのではないか、と思うのです。

もちろん、摩擦回避による「問題の解消」という仕方は現実的です。おそらくこの国の現実社会においてはそうした問題解決の在り方がほとんどでしょう。しかし、表層的な綺麗事で展開される道徳教科書には、おそらく政治的なイシューに繋がる問題でない日常的なトラブルについては、お互いに本音を披瀝し合って理解し合うという日本的な「話せばわかる」主義が色濃く反映されているのだろうと思うのです。そうした意味で、現実場面で多くの人々が選択するであろう「摩擦回避」を、道徳教科書は正しくない態度として否定せざるを得ない。しかし、現実的ではある。だから載せない。編集の側に無意識的にこうした機制が働いているのではないかと私には思えるのです。

3 現実的に機能する教材の開発

いずれにしても、道徳教科書には意識的・無意識的にさまざまな規制があります。それ故に時代に合わない、現実と齟齬を来す教材がたくさんあります。それらは結果として、子どもたちに機能しません。それを時代に合うように、現実に合うようにするためには、宇野さんがしたように「現実的に機能する教材」を自作して教科書教材と対置したり、私がしたように自主教材を開発して教科書教材を補足したりという営みが必要となるのだということです。教科書教材を使わなくてはならない現状では、そのように機能性を高めていくことに愉しみを見出すしかないということなのでしょう。

4 そもそも綺麗事の教材文に疑問を抱いているのか

宇野 弘恵

1 都合のよいアイテム

堀さんが「教科書教材を用いて綺麗事を指導するのが道徳」と表現しているように、道徳の教科書教材にはよくもまあこんなに理想論ばかりというような読み物がたくさん載っています。堀さんも私も綺麗事教材に疑問をもっているから自主教材も併せた授業づくりをしているわけですが、全国にこうした教師はどのくらいいるのでしょう。自主教材を付けなくとも、綺麗事の教材文を綺麗事で授業することに躊躇したりやりにくさを感じていたりする教師はいったいどのくらい存在するのでしょうか。

私は、教科書教材を綺麗事と捉えている教師は案外少ないのではないかと踏んでいます。と言いますのも、校外に出て参観したり職員室で漏れ聞いたりする道徳授業は、綺麗事の教材を正論で授業するものばかりだからです。

六年生教材に、劇づくりがうまくいかずクラスがてんでバラバラになるというお話があります。練習がうまく進まず、主人公もやる気を失くします。そんなとき本物の劇団員がやってきて指導します。劇団員は、うまくいく秘訣を考えるより大事なのはチームワークだ、全員の心が一つになるよう一人ひとりが全力を尽くせと言います。主人公はこの言葉にはっとし反省します。そしてやる気を出して練習に励むという内容です。

この授業で教師は、主人公がなぜ「心を一つにして励め」「全員が全力を尽くせ」「チームワークを大事に」という劇団員の言葉で奮闘したかを問うていました。出てきた発言は「みんなが頑張らなきゃいいものはできないから」「全力を尽くしたら達成感があるから」と上っ面なものばかり。中には「心を一つにすることが大事だから」と答えになっていない発言もあり、子どもが本当は何も考えていないことが透けて見えました。

そんな中、一人の男子が

「これまでの経緯を知らない人からいきなり心を一つにしろって言われても、オレはそういう気になれない」

と発言しました。それに便乗し何人かが、「逆に腹が立つ」とか「事情知らないくせに偉そうにっていう気持ちになる」などと言いました。正論派が「プロに言われたらやる気は起きる」とか「主人公のためを思って言ってくれているのだから心に響く」などと説得にかかりますが、男子は引きません。最後は先生が、

「人の助言を素直に受け入れられないと、結局いつまでもみんなに迷惑を掛けます。それ

ではみんなで団結することもできません。だからまずは素直に聞くことが大事です」とまとめて幕を引きました。

先生からすると、綺麗事からはずれる男子の発言は面倒で邪魔だったのでしょう。これをつぶさないと「みんなで協力するには、一人ひとりがわがまま言わずに全力を尽くすことが大事」的な結論に辿り着きませんから。

では、男子の考えは間違いなのでしょうか。私はむしろ男子の意見の方が現実的ではないかと思います。全員でなくとも男子のように思う子がいるのが普通です。しかしこの考えが除外されたのは、助言を受け入れないという姿勢が「素直ではないわがままな態度」と見なされたからです。逆に言うと、助言を受け入れられない子もいるという想定が先生にはなかったから「素直ではないわがままな態度」と見なされてしまったのです。

先生は、想定にない男子の発言処理に困ってはいましたが、教材の綺麗事を授業することに困っているようには見えませんでした。私の目にはむしろ綺麗事の世界を肯定し、その世界から飛び出さないようどうするかに腐心しているように見えました。もしかすると普段から「親切は全て善」「嘘はすべて悪」といった綺麗事で教育活動を行っているから教科書教材の綺麗事に気づけないのではないかとも思えました。

清濁併せもつのが人間なのではなく、清く正しくあるのが人間の理想像としている教師には、綺麗事だらけの教材は正論を通す格好の隠れ蓑になります。普段言いにくいことを教材文に載せて言えば、これは世の中の当たり前で正論だ、だからこれに従いなさいと説教することができます。「ほら、ごらん。先生の言っていることは正しいでしょ」と権威付けすることもできます。そういう教師にとっては、教科書教材は理想の教育を実現させる都合のよいアイテムなのかもしれません。

2 子どもの目になって読むこと

そもそも教育とは、与えられたことをそのまま行うことではなく、与えられたことをどう解釈し具現化するかという営みです。教科書という大きな枠は与えられるけれど、その中で教師が発見したことを教え考えさせるのが授業です。与えられた枠の中身を咀嚼せずそのまま提示するのは、上から降りてきた施策を自分で解釈もせず言われるがままに行うのと同じです。コピーロボットのように操られ情報を横流しにしているに過ぎません。教師がコピーロボットにならずに自らの主体性を発揮させるには、教科書教材を自分で読むことが始まりだと思います。自分の狭い常識や価値観から這い出て、教材文と向き合ってみることだと思います。

まずは子どもの目になって教材文を読んでみてはいかがでしょうか。

5 授業づくりを愉しむ—道徳編

堀 裕嗣×宇野弘恵

宇野　私が提示した女性視点教材の少なさに対し、堀さんが「それぞれの問題の本質的な構造を抉るような題材は極力排し、表層的な現象を扱うことでお茶を濁す。それが道徳教科書が綺麗事ばかりに陥る一番の原因」と、問題を俯瞰し再提示されたことにまず痺れました。

堀　まあ、マイノリティの当事者にある人はどうしてもその視点ばかりに囚われるものでしょう。それは仕方のないことだよね。僕は割とどんなマイノリティにも当事者としてかかわっていないから、外野で距離を置いて見られている。それだけ当事者意識がないということでもあるよね。

宇野　道徳教科書には女性視点だけが欠けているわけではなく、時代錯誤がはなはだしいとかわざとらしいとかという問題がたくさんあると思っていました。女性視点はその中の一つを取り上げただけだと。マイノリティは取り上げられないという視点はなく、慧眼させられました。

堀　マイノリティが取り上げられないと言っているのではなく、政治問題と繋がるような具体的な差別構造を描いた教材は取り上げられないだろう、と言っているんだよね。

宇野　ふむ。とすると、女性の偉人の少なさが「かくれたカリキュラム」として機能する可能性とは違う問題かしら？

堀　うーん。たぶんね、ただなんらかの活躍をしている女性だったらいくらでも取り上げられると思うんだよね。でも、男性社会でこんなふうに闘ってきたみたいな視点が少しでも入ると難しいいんじゃないかな。平塚らいてうとか与謝野晶子でさえ、そう簡単には取り上げられないでしょ。

宇野　あああ、なるほど。納得。では、教科書会社は女性の偉人が少ないことに自覚的だけど、政治問題に繋がらない女性が少なくて載せていないということでしょうか？

堀　うん。すべてがそうとは言わないけど、そういう側面は少なからずあるだろうということ。例えば、キング牧師を扱えるのは、もう人種差別を表立って肯定する人は誰もいないからだよね。でもきっと、日常的に実は人種差別は続いているという教材はまだ見ないよね。女性問題はまだ政治的に誰も疑問に思わないというところまで行ってないんだよ、きっと。だから、世論の七〇％が賛成している選択的夫婦別姓さえ国会を通らないわけでしょ。もともとこの問題が政治問題として議論の俎上に昇ったのは一九八九年だからね。もう三十年以上停滞している。

宇野　なるほど……。そういう可能性を考えたこともなかった。こういう見識の深さや洞察力の有無が、道徳授業づくりには大きく影響しますよね……。

堀　いや、基本的に宇野さんの授業づくりに政治的視点はないから、いまやっている授業はほとんどOKだと思うよ。ただ教科書に載せる場合には、家父長制度を肯定している政治勢力に配慮しないと教科書会社としてはまずいことになりかねない。そういうことなんじゃないかな。

宇野　教科書に載せるって一筋縄ではいかないのですね。事情はわかったけれど、考えるべきことが最初から限定されているのが本当に「生きていくために必要な道徳」なのか？という疑問が湧いてきます。

堀　僕ね、永山則夫の『無知の涙』で道徳授業をつくったことがあるの。で、ある出版社の道徳実践本にその授業を寄稿したことがあるんだよね。でも、編集部は殺人者だからダメだと。被害者もいることだしと。僕は文学者としての永山則夫を取り上げたつもりだったけど通らなかった。結局、それでその企画を下りることになった。教科書じゃなくてもそういうことっていっぱいあるんだよ。この構造は文学界にもあって、永山則夫がある文学賞をその経歴によって獲れなかったことがあって、そのとき文壇は大論争が巻き起こった。まあ、論争が起こる時点で載せられないんだよ。特に道徳だからね。

国語でさえ宮澤賢治の宗教も太宰治の自殺未遂も授業では絶対に取り上げられないでしょ。

宇野 そう考えると、教科書教材を広げたり教材に付け足したりするのに躊躇してしまいそうです。これまで安易に付け足したつもりはありませんが、そこまで深く考えてはいなかった。でも、教科書のままだと綺麗事過ぎて嘘くさい授業になる。

堀 いや、現実に対応するという視点なら問題ないと思うよ。宇野さんが取り上げてきた女性道徳には別に政治色なんてないでしょ。

宇野 堀さんが書いたことでもう一つ話題にしたいのは、摩擦回避による問題の解消を道徳教科書は是としないという部分です。

堀 うん。

宇野 教科書教材はどうしていつもすっきり問題解決するのかと思っていました。解決しないまでも、「ちゃんと話してわかり合おう」という方向に持って行こうとする。その不自然さの根本に「日本的な話せばわかる主義」があるとは思ってもいませんでした。しかし「日本的な話せばわかる主義」がある一方、日本人が空気を読むのに長けており、曖昧に濁すことでうまく人付き合いしてきたという側面もあります。なぜ道徳ではこの面が大事にされないのでしょう?

堀　だって同調圧力に従おうという内容項目はないもの（笑）。どれも前向きでしょ。「よりよく生きる喜び」でさえ、人間の弱さ・醜さは認めつつもそれを克服することを目指す。「真理の探究」も割と教材は哲学的真理じゃなくて科学的真理に寄ってるよね。僕は教科書編集に携わってもいないし興味もないから、ほんとうのところはわからないけれども、少なくとも嫌いな人がいたら近づかなければいいとか、学校がどうしても苦しければ休んじゃえばいいとか、現実世界ではよく言われるけど、そんな教材は見たことないよね（笑）。やっぱりそういうのは、キング牧師みたいな完全にコンセンサスを得るにはまだまだ遠いんだということだよね。だから結局、そういうのは「時代の風」ではあるけれど、国民的コンセンサスとしては少なくとも道徳教科書的には認められていない。だから僕らの仕事は、道徳教科書の内容と「時代の風」とを調和させたり融合させたりしながら、いかに子どもたちに説得力を高めていくかということなんじゃないかな。

宇野　教科書教材がどうして妙にポジティヴなのか見えてきました。どうして現実味がないのかも綺麗事だらけなのかも。だからこそ、現実的に機能するように自主教材を補完したり対置させたりするのが大事という堀さんの主張により深く頷けます。

堀　たぶんこれからも、道徳教科書が劇的に「時代の風」を受け入れるということはないと思うんだよね。もちろん少しずつは変わっていくだろうけど。

宇野 どんどん子どもたちと乖離していきますね。

堀 いや、だから「運用」の問題なのでしょう。「嫌いな人には近づくな」だって「苦しかったら休んでいい」だって、現実的には学校内にもいっぱいある。でも、それはあくまで「運用」として行われているのであって、授業や学級経営で公的に、おおっぴら扱われているわけではない。教科書と僕らの授業づくりも同じじってことだよね。

宇野 そう捉えると、いかに運用するかの選択肢はたくさんある。教師が主体性を発揮するところですね。

堀 そういうことだね。

宇野 自分の発想で補完、対置したいと思ったときに、道徳は他教科に比べて選択できる範囲が広いと思うのです。だから、その分授業づくりも愉しいと思います。それが負担になる人もいるかもしれないけれど。

堀 そこがおもしろいところでね、僕らは割と簡単に「教師の主体性」って言うけど、「教師の主体性」だって決して確固としたものじゃない。常に葛藤がつきまとう。だから、僕らはきっと実験を続けているんだよね。道徳はその実験の想定範囲が広い。

宇野 葛藤が教材という形になるのも魅力の一つですものね（笑）。

第５章
教材開発を愉しむ
―道徳編

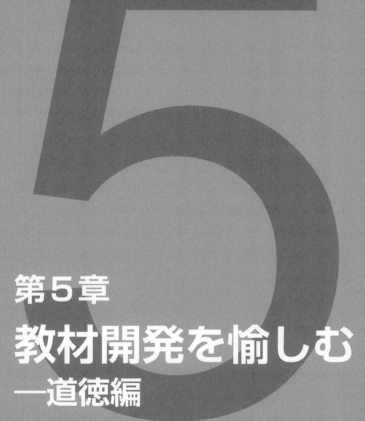

1 教材にどんな問いを見つけるか

宇野 弘恵

1 後藤由香子さんの雛人形

私の自主開発授業に、後藤由香子さんを取り上げたものが四本あります。

後藤由香子さんは、岐阜県にある節句人形をつくる会社「後藤人形」の三代目で雛人形をつくる節句人形工芸士でした。大変残念なことに、四十九才という若さで二〇一七年に急逝されています。

私が由香子さんを知ったのは、二〇一九年三月のこと。ふと眺めたＳＮＳニュースで、由香子さんがつくった雛人形が目に飛び込んできました。由香子さんのつくる雛人形は、私たちが日頃目にする雛人形とは全く違いました。いわゆる「女の子らしい」赤やピンクの華やかな感じではなく、黒を基調とした十二単。優しい微笑みを携えた優雅な表情。髪は茶髪で小物にはレース。雛人形というよりはアート作品のようでした。

私が見たこの作品には、『Gothic』という名前が付けられていました。記事によると、日本の伝統工芸に現代の「ゴシック&ロリータ」の装いを採り入れたのだとか。大胆で繊細なこの作品に多くの人が驚き、ＳＮＳでも爆発的な人気を博したそうです。それにしても死を彷彿させる黒をモチーフに雛人形をつくる後藤由香子とはいったいどんな人なのでしょう。私は由香子さんについて調べることにしました。

ネット上には、由香子さんの作品がたくさんあふれていました。ウエディングドレスを思わせる白とレースを基調とした作品。ふわふわの十二単を纏うお雛様の頭上には、花冠があしらわれています。黄色や黄緑で華やかに装ったお雛様が持つのは、扇ではなく鳥かご。中には黄色の可愛らしい小鳥がいます。他にも羽生結弦選手をモデルにした作品や源氏物語をテーマに作ったものなどがありました。『Gothic』以外の作品も繊細で優美、大胆で斬新なものばかりで、これまでの雛人形の常識を覆すものでした。

雛人形は、平安時代から現代までの千年の歴史を誇る伝統工芸です。雛人形をつくる職人さんたちは伝統工芸士と呼ばれます。顔を描き入れる面相師や木胴と呼ばれるベースに伝統の重ねを忠実に着せこんでいく着付け師など、約五十の工程ごとに専門の職人さんがいるそうです。千年の歴史と伝統を守り紡いできた誇り高き職人さんたちですから、初めて由香子さんの依頼を受けたときは「こんなの雛人形ちゃうわ！」と激怒したそうです。「日本の伝統文化を壊す気か」と言われたこともあったそうです。

もともとテレビ局のアナウンサーだった由香子さんがご実家の家業を継いだのは二十八

歳のとき。それまで人形づくりの修行したことはありませんでした。そんなことから業界では「常識からは考えられないデザインや職人が作ったことのないものを要求する素人娘」「無理難題を吹っかける爆弾娘」と揶揄されたそうです。

しかし由香子さんには「雛祭りは、雛人形を囲んでお嬢様の現在と未来の幸せについて語る幸せの時間。雛人形を囲んでもらうには、雛人形がかわいいなあとか綺麗だなあと思えるものでなくてはならない」という考えがありました。ですから、たとえ前例がなくとも自分の感性に正直に雛人形をデザインしようと思っていました。納得のいくまでデザイン画を描き、素材選びに拘り、思い描いた人形になるよう些細な手の向きにさえも執心する由香子さんを見るうちに、職人さんたちの心が動きます。制作第一号は『夜明けのシンフォニー』という青を基調としたお雛様でした。

後藤人形は、由香子さんの祖父・清峯さんが興した会社です。『夜明けのシンフォニー』が発表されたとき、清峯さんは既に他界されており新作の評価を聞くことはできませんでした。皇室お買い上げになったこともある由緒ある人形店です。もし清峯さんがご存命だったなら、青い衣装のお雛様をどう思われたでしょうか。

由香子さんは、清峯さんが戦争直後の焼け野原で生活必需品ではなく人形づくりを始めたことを不思議に思っていました。しかし東日本大震災を経験したときに、何も希望がないほど打ちのめされたとき、人は美しいものやあたたかいものに救いを求めるのではないか、人形が人々の心のよりどころになるのではないかと由香子さんは思いました。そして祖父はきっと人々の心の復興ために人形づくりをしたのではないかと思うようになりました。その想いは自分の人形づくりに生きていること自覚し、ますます愛情をこめて人形づくりに励みました。

そうして次々と新作を発表し、二〇〇八年にはイタリア・フィレンツエのヴェッキオ宮殿に織部焼をモチーフとした作品『織部』が展示されました。自由と伝統が共存するこの作品にイタリアの人々は度肝を抜かれたと言います。「伝統は守るだけではなく、今を生きている私たちがよいと思うものを取り入れていかなければ次の世代に繋がっていかない」という由香子さんの想いが伝わったできごとでもありました。

それから七年経った二〇一五年、由香子さん四十七才のとき。「子どものいない私にお雛様をつくる資格があるのか」という思いが胸を占めます。悩んだ結果、由香子さんは、子どもを授からなかったつらい経験をした自分だからこそ表現できるものがあるかもしれない、雛を自分の子どもと思ってみなさんの家庭で笑顔をつくろうと決心します。そんな思いの中完成したのが『Gothic』でした。それから約一年後。人形作家としてこれからという矢先に病気が見つかり、あっという間にこの世を去ってしまったのでした。

2 教材解釈と授業構成

『Gothic』の記事との出会いは、運命の出会いでした。ふと目に留まった記事から後藤由香子さんを追い、ネット上のあらゆる記事を漁りました。テレビ番組に出演した際の動画を見つけ、すべて文字起こしをしました。もし由香子さんがご存命だったら、私はきっと岐阜まで会いに行っていたと思います。それほどの魅力が由香子さんにはありました。運命的な教材との出会いってそういうものだと思います。

さて、由香子さんについてたくさんの情報を得ました。ここには載せきれなかった由香子さんの心意気が伝わる素敵な文章にも出会いました。問題はそれをどう授業にするかです。ここまで書いたことは教材発掘であって教材開発ではありません。教材開発とは、発掘した教材をどう授業化するかということなのです。

情報が多ければ多いほど何かを切らなくてはなりません。私にとってはどのエピソードも貴重で、何かを切ることなど到底できませんでした。かといってすべてを入れ込んではあふれます。膨大な情報を一方的に伝えるだけの授業構成になってしまいます。教材開発とは、教材をどう解釈するかということです。教材にどんな問いを見つけるかということです。それがない授業は、単なる教材の紹介でしかありません。悩んだ私は、由香子さんでA～Dの４領域すべてで授業をつくることを思いつきました。どれも切れないなら、授業四つに収めればいいと考えたのです。

そこからもう一度膨大な情報とにらめっこです。どのエピソードがどんな問いを発しているかを考えながらそれぞれの領域で何を扱うかを整理し授業化しました。Aでは、職人さんを説得し自分の志を貫く由香子さんの強さを（希望と勇気、努力と強い意志）、Bでは祖父・清峯さんのエピソードと受け継がれる家族の愛について（感謝）、Cでは人間国宝の漆芸家・室瀬和美さんを対置し伝統文化を次世代に引き継ぐ意味とは（伝統と文化の尊重、国や郷土を愛する態度）、Dでは「子どもがいない私に……」という悩みから自分にしかできない表現をしようと決意する由香子さんの生き様を（よりよく生きる喜び）抽出しました。制作から三年。久しぶりにすべてを見直しましたが、我ながら主張点のはっきりした、それでいて由香子さんへの愛にあふれた授業だと思いました。

この教材開発により教材を多角的に見る目が鍛えられました。一つの教材は多面的な事実で構成されており多面的な問いが存在していることもわかりました。教材開発すること自体に教材解釈力、授業構成力を高める力があることを改めて感じた経験でした。

（参考文献）「情報ライブミヤネ屋」日本テレビ系列　二〇一六年二月二十九日放送
「yukako goto」www.gotodolls.jp/gaiyou.html

2 その程度の弱さや醜さ

堀 裕嗣

1 誰も口には出さないけれど

道徳の教材開発は、決してその教師の世界観と認識力を超えることはありません。

たとえ本人がおもしろいとか興味深いとか思ってつくったとしても、もっと深い世界観をもっている人から見ればあさはかに見える。同じ題材を取り上げて授業をつくったとしても、認識力の高い人がつくった授業と認識力の低い人がつくった授業とでは、圧倒的に「深み」に差が出る。しかもそのことに本人は気づかない。道徳の自主教材を発表するセミナーなどでは、その授業の構成法以上に、その提案者の「懐の深さ」や「メタ認知能力」などが透けて見えます。その意味で、国語の授業が下手だとか算数の授業構成がなってないとかいうよりも、道徳セミナーの場は全人的な評価がなされることになるので怖い場になりがちです。もちろん、誰も口には出さないけれど。

もっと怖いのは、そうした教師の浅薄さが子どもたちにも見抜かれているかもしれないということです。去年の担任の先生より浅い。あの先生の授業は深いけど、この先生の授業は綺麗事を言うだけ。小学校高学年や中学生ならば、間違いなくそのくらいのことは考えています。中学校では担任オンリーではなく、学年教師のローテーションで道徳授業を展開している学校も多いですから、よけいにその可能性は高いはずです。前章で宇野さんも力説していましたが、教科書道徳の、現実から遊離した内容を表層的に扱っているだけでは、子どもからも効力感のない授業として断罪されかねません。もちろん、誰も口には出さないけれど。

2 時代の病理を見据えて

私の自主開発授業に「弱さを克服できない人たち」という授業があります。

二〇一九年の夏、京都と東京で、時代的雰囲気を体現するような哀しい事件が相次いで起こり、容疑者が逮捕されました。罪状はともに「死体遺棄」です。

一つは、京都のある生活保護ケースワーカー（二九歳男性）が担当する生活保護受給者の殺人事件に際して、その死体遺棄を手伝わされたという事件です。驚くべきことにこのケースワーカーは一般に自分が保護し、殺人を犯した受給者が保護される立場であるはずなのに、日常的に受給者に脅され、精神的に支配されていたために心ならずも死体遺棄を手伝わされることになったのだというのです。逮捕され、事情聴取が進むにつれ、このケースワーカーが日常的にこの元暴力団の受給者にクレームをつけられ、次第に精神的に弱っていき支配されるに至った経緯がわかってきました。また、買い物を手伝わされたり勝手に自家用車を使われたりしていた日常も明らかになりました。そしてそうした支配・被支配関係に至る過程に、ケースワーカーが一人で年間二四〇回を目処に家庭訪問しなくてはならず、このケースワーカーに限らず日常的に受給者に罵声を浴びせられることが多く、精神的にやられてしまう者が多いという過酷な労働環境が明らかになっていったのです。

もう一つは、東京に住むある男性（六一歳）が父親（九一歳）の病死に際し、その死体を自宅に一か月近く放置、匂いに気付いた近隣住民からの通報で、死体遺棄の罪で警視庁に逮捕されたという事件です。容疑者の男性は「ずっと父と一緒にいたのに急に一人になるのが怖かった。父から離れたくなかった」と供述しました。その後、裁判において、この親子のこれまでの経緯が明らかになっていきます。この男性は定時制高校を卒業後、衣料品の販売店員として勤務、当初は両親と三人で暮らしていましたが、男性が二十歳のときに母親が乳癌で死亡、以来父親との二人暮らしになりました。その後、二十八歳のときに特に理由もなく引きこもるようになり、家計は父親が労働や年金で支え続けました。つまり、この男性は三十年以上引きこもっていたわけです。裁判でこの男性は「通報しておやじを連れて行かれたら、ほんとうに一人ぼっちになると思って、救急車を呼べなかった。

一人になるのが怖かった。近くにいて欲しかった」「『かわいそうなことをしている』という気持ちになった。そんなとき、警察官が異臭騒ぎを聞いてやってきた。最初は『部屋の中は見せたくない』と抵抗したが、心の中ではほっとしていた」と述べました。

この二つの事件は、私に大きな衝撃を与えました。どちらも「死体遺棄」という罪状には似つかわしくない、何とも言えない背景があります。もちろん、だから許されるという話ではありませんが、双方とも、ただ「許されない」と断罪するだけで良い事件とも思えないのです。

二つの事件は京都の事件が六月の逮捕、東京の事件が八月の逮捕だったわけですが、どちらもいわゆる「いい年をした大人」が起こした事件です。しかし、実はこの時代には、何か「いい年をした大人」たちにこうした事件を起こさせてしまう社会環境があるのではないか、そうした雰囲気が時代にあるのではないか、そう感じたわけです。

3 想定できるか、断罪するか

しかし、こんな子どもたちからすれば現実離れしているように見える事件を現実に照応させるためには、何を考えさせればよいのでしょうか。結局、怖い人に犯罪を手伝えと言われたときに自分ならきっぱりと断ることができるか、長く二人きりで暮らしてきて依存してきた人が亡くなったときに自分は普通に弔うことができるか、そうした想像力を起動させることなのだろうと思うのです。

もちろんいくら怖い人だったとしても、殺人を手伝えと言われれば多くの人は断れるのだろうと思います。しかし、頼まれたケースワーカーが犯した犯罪は「死体遺棄」です。実は今回の犯行は冷蔵庫の中に遺体を隠すという作業でした。その程度のことならば、犯罪だとわかっていてもその罪を犯すことへの抵抗感が、殺人犯の受給者に対する恐怖を凌駕《りょうが》してしまうということがあり得るのではないか。自分はやらないにしても、孤独で、かつ仕事上のストレスに苛まれて心が弱っているときならば、手を貸してしまうという人は何割かいるのではないか。そんな想像をしてみるわけです。

また、もう一つの父親に対する死体遺棄ならば、この老齢の父親の死が誰とも交流のない、自分たちだけの閉じられた空間で起こったことであるということに注目すべきでしょう。外で交通事故に遭ったとか外で突然死したとか、そういう父親をそのままにしておく人はいません。しかし生活力をもたず、依存し続けてきた、たった二人だけで生きてきた家族が、突然誰にも知られない「閉じられた場」で亡くなってしまった。自分も一緒に死んでもいいとさえ思える。今後生きる術もなければ生きる意欲もない。そんなとき、ただ時間だけがすぎていき、結果的にこの容疑者と同じ行為をしてしまう。そんな人も何割かはいるのではなかろうか。そんな想像をしてみるわけです。

それは、普段は意識しなかった、「自分の奥底」にある弱さに想像を馳せてみることです。一般に言われる「人間は弱い」「常に強くいられるわけではない」といった物言いとは次元の違う、誰も助けてくれない、誰にも助けを求められない、学校や会社といった社会システムからも隔絶された場だからこそ起こった事件です。そうしたとき、このような「死体遺棄」事件を自らは絶対に起こさないと言い切れるだろうか。そう自分に問いかけてみる試みなのです。

人間には自らの弱さや醜さを克服する強さや気高く生きようとする心がある。そう道徳授業の理念は言います。それを理解し、人間として生きることに喜びを見出すことができるとも言います。しかし、そこには、人間として生きる喜びを見出すことができる程度の「弱さ」や「醜さ」しか想定されていないのではないか。ある事件によって、それを超えるような「弱さ」や「醜さ」が顕在化したときには、「あり得ない」「信じられない」「人間の所業じゃない」と断罪するだけなのです。

教科書教材を現実に照応させる。子どもたちに機能させられるような授業を展開する。それはこのように、どれだけ広い人間観、どれだけ深い人間観を想定できるかということにかかっています。教材開発の道もそこにしかないのだと考えています。

3 「いかがですか？」というスタンス

堀　裕嗣

1 教材開発は芸術に近づいていく

何かを見て、何かを知って、心があふれることがあります。

心の飽和を越えて、もう言葉さえ出ない。何が自分の琴線に触れたのか、それは自分のどんな記憶と共鳴しているのか、それは自分のどんな背景を超えているのか、何もわからない。ただ心があふれていることだけが自覚される。そんな感動です。

心があふれる題材と出会ったとき、文学者は比喩と格闘し、音楽家は旋律と格闘し、美術家は構図や色彩と格闘するのかもしれません。格闘とはその心のあふれにぴったりの表現を探すことなのだろうと思います。選んでは捨て、捨ててはまた試みる。それを繰り返すうちに少しずつ焦点が見えてきて、ぴったりとは行かないまでもだんだんと近づいていていることが実感されてくる。ときにはまったくかけ離れていると思われたものが、意外にもそのあふれる心と近似していることに驚くこともある。いずれにしても、人は心があふれたとき、何か新しいものをつくろうと試みることになります。

我々教師にとって、そうした芸術的な感性というか、創造的な感性というかを具現化する場が最近になって現れました。それが道徳授業の教材開発なのだと感じています。

道徳の教材開発には、間違いなく「自己表現」の側面があります。寝食も時間も忘れてその一事に打ち込ませる力をもっています。それはピカソのように多角的な視点を融合することであったり、サティのように既存のコードを破壊することであったりするのですが、経験した者にしかわかりません。優れた自主開発の授業づくりは芸術に近づいていく。宇野さんの後藤由香子さんとの出会いを読んでいて、こんなことを思いました。

2 概念でなく、ある種の感受性を遺す

道徳の授業は必ずしも言葉で構成されるとは限りません。詩的言語と画像・映像と音楽とが一体となって学習者に形象を形づくる。そんな授業がたくさんあります。

そうした授業は子どもたちの「理」ではなく、「情」に訴えかけることになります。授業後の子どもたちに、概念ではなくある種の感受性を遺す。いわば「トリックスター」みたいなものです。突如やってきて、言葉にはできない何か大切なものを遺して去っていく。頭で理解するのでなく心に沁み込んできたものは、たとえそれが過ぎ去り、忘れられ、意識に昇らなくなっても自分の中に溶け込んでいて、きっかけさえあればいつでも首をもた

げてくるものです。ちょうど何十年も前の、ほんとうにあったかどうかさえ確かめようのない幼い記憶がときに私たちの力の源泉となるように。機能する道徳授業とはそうしたものなのではないかと、常日頃から思っています。

宇野さんの後藤由香子さんを題材とした授業は、四本を通して、三度受けたことがあります。以来、後藤由香子という人形工芸士は、私の中に常に存在する基準の一つとして機能しています。「不易と流行」を考えるとき、「血のつながり」を考えるとき、「死を前提とした生の輝き」を考えるとき、私の中にあるさまざまな基準とともに後藤由香子という女性が私の中に現れるようになりました。特に、「不易と流行」にしても「血のつながり」にしても「死を前提とした生の輝き」にしても、これらのテーマは男性的に語られることが多く、それを考える鏡の一つとして女性がいることは、私の思考にとって一つの例ということ以上の大きな意味をもっています。

おそらく宇野さんのこの授業に対する「熱量」と言うか「密度」と言うか「濃度」と言うかが、私の中に概念としてではなく、ある種の感受性を遺したのだろうと思います。

3 大人にも機能するものでなければならない

道徳の授業づくり、特に自主開発教材の授業づくりは、子どもに機能するだけでなく大人にも機能するようなものでなければいけない。常日頃からそんなふうに思っています。もう少し正確に言うなら、大人にも機能するような教材開発でなければ子どもにも機能しえない、という想いを抱いているわけです。道徳教科書が子どもたちに機能するものになっていないのは、そこにどこか「教えてやろう」という上から目線があるからではないか、そんなふうにも感じています。

二十二の内容項目を通して読んでみると、そしてその意味をちゃんと咀嚼《そしゃく》して考えてみると、こんなものは大人にもできないと思われる大仰な言葉が並んでいます。小学校低学年向けの内容項目でもそうです。このことの怖ろしさを感じながら、この居心地の悪さを感じながら授業している教師はどれだけいるでしょう。私はつくった人間の顔が見てみたい、そしてその人間たちがどんな日常を送っているのか観察してみたいと思うほどに、正直、あきれています。その自分のあきれを、それでもやらなきゃならないんだよなというある種の諦観とともに懐に忍ばせているのです。

道徳の教材開発は大人にも機能するものでなければならない。こう考えると、謙虚になれます。私にも正直よくわからないのですが、わからないなりにこんなふうに考えてみました。いかがですか？　こんなスタンスで提示することができます。大人に対してばかりでなく、子どもに対してもこんなスタンスで語りかけることができるようになるのです。

4 教材開発が自己を豊かにし、深い問いを生む

宇野 弘恵

1 断罪ではなく想像という志向性

「教材にどんな問いを見つけるか」という点に於いて、堀さんも私も同じことを言っていると思いました。事実を提示するだけではなく、その事実から何を抽出するか、どんな問いを見つけるかが教材開発の肝であると。

ただ、堀さんと私が違うのは、堀さんの問いは徹底的に人間の本質に迫る方向性で立てられているということです。対して私の問いは、人間の本質に迫るというより教材を通して自分の生き方を問うという方向にあると思います。教材自体の性格もあるかもしれませんが、堀さんの問いには、事例の中にある本質を抽出し、特殊事例を誰にでも起こりうることや誰もが経験し得るものとして考えさせる広さと深さがあります。その問いを考えることで最終的に自分の生き方を問うことに繋がるので、私の問いは直接的で堀さんの問いは間接的とも言えると思います。

堀さんのような広くて深い問いを生むに前提には、事件だけではなく事件の背景に何が

あるかを見ることにあると思います。堀さんは次のように書いています。

しかし、実はこの時代には、何か「いい年をした大人」たちにこうした事件を起こさせてしまう社会環境があるのではないか、そうした雰囲気が時代にあるのではないか、そう感じたわけです。

つまり堀さんは、事件を焦点化して見るだけではなく、事件を大きな全体像の中で捉えよと言っているのだと思います。

それは、生徒指導案件で問題行動のみに着目するのではなく、交友関係や親子関係、成育歴や学級での立ち位置など問題行動を起こした子の背景に何があるかに鑑みながら指導するのと同じです。あるいは、この種の問題行動が起きるのは、不寛容な雰囲気が蔓延する社会の影響を受けているなどという見方をすることで、問題行動を一事例としてではなく俯瞰的に捉えながら理解を深めるのと同じです。これと同じように、堀さんの授業は、問題をアップで見る一方でレンズをずっと遠くに引き俯瞰させるようにつくられているのだと思います。問題をアップとルーズで問いながら、矛先が最終的には自分に向く構造になっているのだと思います。「死体遺棄」というセンセーショナルな事件をアップで見せ、周辺事情や社会情勢を見せながらレンズを引いていく。事件の全体像を見せた上で「自分ならどうか」と問う。事件を点ではなく立体的に想像することができているから安易に答えが出ない。「もしかすると……」という可能性を自分の中に見出すから、断罪ではなく理解する方向に意識が向く。そういう構造なのだと思います。

「断罪ではなく理解」という志向性はこの教材だけに完結しません。一見自分とは関係ないと思える事件や理解不能と思える出来事に出会ったときに、この授業を受けたことによって「もしかすると自分にも……」という志向モデルが出来上がるからです。教材の中で問いが完結せず、子どもたちが生きていく中で問い続けていく授業は、まさに文部科学省が言うところの「自分の生き方を考える道徳」だと思います。その場限りの机上論ではなく、人生を通して考えながら生きていく授業です。これは、作り物の綺麗事の読み物教材では絶対に起こり得ないものだと思います。

2 材の裏側

それにしても「死体遺棄」を授業化するとは何て大胆なのだと思います。普通は思いつきませんし、万が一思いついたとしても事実紹介で終わるでしょう。それでは道徳授業として成立しませんし、加害者に対する差別感情を生みかねません。つまるところ、材に問いが見つからなければ教材開発はできないということです。おもしろいとか感動するとかという感情を超え、材が問うているものを見出さなければ教材化はできないのです。材は単なる事実です。現象です。そのままでは教材化することはできません。全体像を膨らませるために材の裏側までを見つけるという工程がなくては、表層的で浅い授業になってしまうのです。

裏側を調べていくうちに、実に色々なことを学びます。例示した後藤由香子さんでは、お雛様の歴史に始まり伝統工芸がどう紡がれてきたかなど多くのことを学びました。こうした一見授業とは無関係に見えることが材への理解深め、より広い目で材を見ることに繋がります。広く見えるからバラバラだった事実の関係性に気づき、深く材を理解することに繋がります。そこに自分の問題意識を重ねる中で問いが生まれるのです。

堀さんはおそらくこの事件だけを調べたのではなく、事件の裏側にある人間関係や加害者の成育歴などを可能な限りを調べ尽くしたことと思います。死体遺棄の過去の判例や社会の評価なども調べ尽くしたと思います。全体像をできるだけ深く、広くもつことができて初めて授業づくりに着手したのではないかと思います。教材開発をするということは、授業のつくり手である自分をも豊かにしていくものです。堀さんが言うところの道徳授業で透けて見える「懐の広さ」や「メタ認知能力」とはそういうものだと思います。

5　教材開発を愉しむ―道徳編

堀　裕嗣×宇野弘恵

宇野　堀さんがああいう深い教材開発ができるのって、堀さんが国語の専門家であることがものすごく関係していると思いました。

堀　ああ。確かに今回の二人もそれぞれの「物語」として見ているところがあるね。

宇野　実際、私は物語をつくるような感覚で授業をつくっています。

堀　僕もそうだね。なんかコツみたいなものってある？

宇野　飛躍しないってことかな。下手な物語やドラマって「いつそうなった？」とか「え？　いきなりそんなことするのって変じゃない？」と思うじゃないですか。だから、必然的に繋がっていくことを意識しています。読者が違和感なくずっと物語の世界にいられるように。

堀　ああ。飛躍している道徳授業の提案ってよく見るよね。教科書教材にも飛躍しているのがたくさんある。きっと内容項目に合わせようと辻褄合わせをするからだよね。物語として提示しようとすると、割とそれがなくなる。自分も読者視点をもてるからだろうね。内容項目の辻褄合わせって基本的に作者側の視点のみってことでしょ。

宇野　そうですね。作者視点でしか語られていませんね。急に視点が変わる読み物教材もありますね。やたらと形容詞つけて人物説明したり。読む方は白けちゃう。「こっちに寄せよう」という書き手の意図が見えちゃいますね。その点、堀さんの授業って視点の多さというか視座の高さというかが桁外れだなと思います。それは国語の専門家だからかなと思うわけです。

堀　それは国語というより、若い頃に「構造主義」に影響を受けたからだね。僕らの若い頃、要するに八十年代にやたらと流行っていたでしょ。その影響だと思う。

宇野　ふむ。なるほど。では、構造主義から受けた影響が道徳授業づくりにも国語授業づくりにも活きているということですかね？

堀　そういうことだろうね。僕の道徳授業って割と情に訴えかけるタイプのものが多いけど、裏では構造的に分析して並列してることが多いような気がする。

宇野　凄くそう思います。「死体遺棄」の授業も情を喚起しつつ、感情論で終始しない冷静さがある。冷静さのない授業って授業者の独りよがりだったり授業者が一人で盛り上がる空気読めなかったりする授業になる。

堀　うん。でもね、僕は若い頃、「構造主義」的な手法は学びながらも「構造主義」的な文芸批評は嫌いで、「実存主義」的な文芸批評に傾倒していた。要するに、人間を規定し抑圧するような構造を明らかにしながらも、日常的にはそれに従っているその構造をときに超えてしまうような感情の熱量とか心情の濃度とかの方に関心が向いていた。そうした傾向は現在の道徳の授業づくりにも教材開発にも通じてるなあと自分でも感じてる。

宇野　それは、作者論ではなくテクスト論で教材文を読むという方向性と同じですかね？

堀　いや、テクスト論的に読みながらも、自分の中に累積した熱みたいなものはちゃんと吐き出すって感じかな。テクスト論的な読みは大切にしながらも、それを超える沸騰が見つかったときには途端に読者論に行っちゃう、みたいな（笑）。

宇野　ああ、なんとなくわかります。私の場合は、解釈ではなく妄想の域に達してしまいます（笑）。

堀　まあ、文学的な世界も道徳的な世界も、授業にすること考えなきゃ「真夜中のラブレター」みたいな世界だからね。でも、教材開発にはそういう「真夜中のラブレター」的気質をもってることってとても大切なんだと思うんだよね。その熱量みたいなものをどう構築したら伝わるか、どう組み合わせたら感動させられるか、授業ってそういうもんでしょ。ついでに言えば、本書くのも同じだよね。

宇野　確かに（笑）。「真夜中のラブレター」一色の授業は気持ち悪いですけど、「生命保険の契約書」みたいな乾ききった授業もつまらないですね。

堀　契約書授業する人っているよね。何がおもしろいんだろうって思う。

宇野　高校の論理国語でこうした実用文が扱われるんですよね？　そして文学が消えるという……。契約書で授業するって、道徳教科書の読み物教材に何も違和感もたない人な気がする。偏見かもしれないけど。

堀　まあ、間違いなく言えることは、感情の起伏を表に出しづらい世の中になってきていることは確かだよね。短気起こした人は徹底して批判される。ひっくり返って大笑いするのもシラケられる。感情としては爆発したりはじけたりっていう文化から、「しみじみ」とか「ほっ」とかいう文化になってきているのかもね。そして仕事上のフォーマルな場では冷静沈着を越えて「冷徹」みたいのが流行っているところもある。最近のテレビドラマ見てると感じる。

宇野　「8時だョ！全員集合」のような陽気さや「3年B組金八先生」みたいな泥臭さ、「ザ・ベストテン」的なお祭り騒ぎ番組はなくなりましたね。若い人には伝わらないけど（笑）。確か八〇年代に「白ける」という言葉が流行ったというか、白けムード蔓延するみたいなのがありましたよね？　真面目な人は白けるみたいな。なんかその頃のしーんとした感じとはまた違って、かかわりが薄いからなれる冷徹さみたいなものを感じます。

堀　小松政夫の「しらけ鳥」のことかな？

宇野　お！　さすが堀さん。今、それを口ずさんでいたところです（笑）。

堀　あれ、たぶん七十年代だと思うよ。「みごろ！たべごろ！笑いごろ！」。キャンディーズ出てたもん。

宇野　そうか……。でも、私が中高生のころ「白ける」ってよく使われてた気がするなあ。

堀　まあ、使われていたね。シラケてはいけないというよりも、シラケさせてはいけないという強迫観念ね。

宇野　強迫観念。確かに。その強迫観念って全体の中での自分を意識するから生まれるものです。リアルなかかわりが半強制的にあったから起こり得たことなのかと。今はリアルなかかわりから退こうと思えばできる時代。なんかそういう違いを感じました。

堀　なるほど。そういう時代の道徳授業ってのもちゃんと考えなくちゃいけないよね。道徳って基本的にはリアル世界での出来事でできてるでしょ。

宇野　教材開発するとき、つい自分の時代観や世代意識で教材を見てしまうのですが、学習者の世代と類比したり対比したりする意識は大事ですね。堀さんの授業にはそうした視点だけではなく、古い時代をリスペクトする授業がたくさんありますね。私もそういう授業をつくりたいなと思います。

堀　うん。自分が生まれる以前の時代へのリスペクトね。古い時代へのリスペクトと言っても、いわゆる右派的な戦前回帰ではない。基本的には戦後。だから、時代が「民主主義」に沸いていた時代をよく取り上げる。あの時代は「希望」だけでできていたっていう印象がある。社会の底辺にいる人たちにまで希望があった時代。そんな気がする。

宇野　それを単なるノスタルジーとして見せるのではなく、素敵だ大事にしたいと思えるように教材化することが難しいように思います。でもそれも情を訴えながらもどこか構造的ということと同じでしょうか。

堀　そうだね。基本的には「歴史」として提示しているからね。その歴史が現在に与えている影響は何かを考える。そういう視点だろうね。もう過ぎたものにただ憧れることにはあまり意味がない。でも、道徳の「伝統・文化」はただ素晴らしさを提示して、ただ憧れることを求めているようなところがある。それじゃ機能しない。

宇野　元々子どもから遠い「伝統・文化」を近づけるために紹介する。それだけじゃ授業にならないから主人公に体験させるかその道のエキスパートを出すかしかない。それで憧れもしないし、尊敬なんて生まれやしない。教科書教材には授業者の視点も欠けているのだと思う。

堀　結局、道徳はどうしても教科書批判になるよね（笑）。

第6章
教職を愉しむ

1 世界観が変わる、世界観を変える

宇野 弘恵

1 学級づくりと授業づくり

授業づくりと学級づくりはどちらが先か?という議論がありました。安定した学級の上で授業が成り立つから学級づくりが先。授業が成立しなければ学級はつくられない、まずは授業づくりを優先しないと。いや、授業づくりと学級づくりは両輪だ、表裏一体だ、と。二〇一〇年前後に、随分こうした議論を見たと記憶しています。

今、1章から5章までを書き終えてこの原稿に向かっているところですが、原稿を改めて読み返してみると、こうした議論は不毛であると感じています。と言いますのも、学級づくりも授業づくりも同じ人間が行っているものであり、学級づくりも授業づくりも実は同じ構造であるのではないかと思うからです。

「肩の力を抜くことが学級づくりを愉しむ肝」と対談で話しましたが、授業づくりも全くそうだなと思います。学級づくりで「きちんとしなければ」「束ねなければ」「教師然としていなければ」という方向性は、授業づくりに於いては「いい授業をしなくては」「きちんとした授業をしなくては」という方向性と同じです。どちらのベクトルも「人からどう評価されるか」という方向に向いています。

他者の評価を授業の中心に据えてしまうと、子どもの姿が見えなくなります。授業の形を整えようとしたりとにかくゴールに向かったりすることに意識が向きます。授業がどう進むかという視点でしか自分の授業を見ることができないので、子どもが躓いていたり興味を失っていたりする様が目に入らなくなります。

そうなると授業の自己評価は、予定通り進んだとか子どもがたくさん発言したとか上手く説明できたなどのように、授業の形や結果になります。あるいは、自分も子どもも評価の外に置いて、他者から褒められることに価値を見出すことになってしまいます。これでは、自分が満足したかどうか、つまり0か一〇〇かの評価になってしまい息苦しい。ちっとも愉しくなんかないのです。

では、どうやって肩の力を抜いて授業をするか。それは、「ま、いいか」「ま、そんなこともあるよ」と思うことです。ある意味諦めることです。諦めと言っても無責任に放り投げるということではなく、今の自分にはこれが限界だと悟り、今手にしているもので勝負すると腹を括ることです。そうしたときにしか「ま、いいか」「ま、そんなこともあるよ」とは思えませんから。

諦めの境地に立つには、教材と深く向き合う経験が必要です。日々の授業を何とかしようというレベルの向き合い方ではなく、堀さんが言うように一年に一つの教材でいいから腰を据えてじっくりと向き合うことです。国語なら、自分が好きだなあと思う教材を自分の力で読み解いてみるのです。道徳であれば、自分の問題意識に照らして興味のあることをとことん調べればよいのです。すぐに授業化せずとも、気が済むまでじっくり取り組んでみればよいのです。

自分で積み上げた教材には愛着というか誇りというか、自分はここまでやったぞという自信が生まれます。時間をかけて取り組めばそれなりに知識も厚くなるでしょう。たとえ授業で予想通りの反応が出なくても「それは想定外だなあ。なるほど」「よし、次こそは」とより広く深く研究する原動力になります。予想通りの反応が出れば自分の研究に自信がもて、もっと追求したいという意欲に繋がります。

時間をかけてつくった授業は、子どもがどう反応するかが楽しみなものです。ですから自ずと意識が子どもに向きます。子どもがどう思考するかに目が行きますし、教材に対する理解が深いので、予定通りに進めなくても焦りません。「違う途を行こう」「ここにもっと時間をかけよう」と予定変更することができるのです。これが余裕です。この余裕があるから子どもの思考に沿った授業を展開することができるのです。そうすると「子どもの思考に沿った授業ができたか」が授業の評価となり、結果ではなく過程に、他人ではなく子どもの姿にベクトルを向けることができるのです。

子どもの姿を変容させるとは、言い換えると子どもの世界観を変えるということです。それを担うのは、他ならぬ教師です。自分の研究がどのように子どもを変容に導くか、試行錯誤しながら教材と向き合うのは愉しいものです。一つのものを長く追及する、一つのものを焦点化して取り組むという長く深い仕事の仕方ができるのは、教職の特権であり愉しみの一つだと思います。

2 自分も発展途上の学習者

国語の教材研究や道徳の教材開発を通して世界観が変わるのは子どもだけではありません。教師である自分も変わるのです。それまで知らなかったことを知る、深く考えなかったことを考えてわかるというように、教材を通して世界観が変わるのです。それは単に知識が増えるとか視野が広がるといったレベルではありません。教材を深く追求することで、これまでとは違ったものの見方をするようになるのです。世界というものの見方、人間というものの見方が変わり、物ごとの捉え方が変わるのです。

例えば、まど・みちお氏の「ぞうさん」という詩があります。童謡で歌われている有名な詩です。みなさんはこの詩をどのように解釈していますか。

ぞうさん　　　まど・みちお

ぞうさん
ぞうさん
おはなが　ながいのね
そうよ
かあさんも　ながいのよ

子どものぞうさんが「鼻が長い」と言われ、お母さんも長いのだと言ったというなんのことのない詩に見えます。しかし、前段を「おはなが　ながいのね」と感心しているのではなく、鼻が長いことを馬鹿にしていると解釈したなら？「ね」に侮蔑を込めて念押ししたと解釈したら、世界観は変わりませんか。鼻が長いことを嘲笑われ、それでも母親と同じ長い鼻を誇りに思う子どもの象。「ああ、母への絶大な信頼と愛があれば、嘲笑われることなんかでは心は傷つかないのだ」と、子どもにとっての母親の存在の大きさを感得するのではないでしょうか。

この解釈も平田先生から学んだことですが、これを教わったときに、言葉にこれほどの広さと深さがあることを知りました。母親というものは子どもにとっての全世界なのだという「母親観」を突き付けられたようにも感じました。世界観が変わるとはこうした経験なのだと思います。

また、授業づくりの過程を通しても世界観が変わります。一つのものを追求していくことは、愉しみでもありますが苦しいものでもあります。何週間もかけて解釈してもさっぱりわからない。どうやっても授業に繋がらない。あと一歩で完成というところで振出しに戻る。そんな苦しい経験もします。

しかしこうした学習者としての苦悩が、学習者という同じ立場である子どもをより深く理解したり、学ぶということ自体の難しさや奥深さを理解したりすることに繋がります。それは教師としてというより、一人の人間としての幅を広げることになっていると思っています。自分も子どもと同じ発展途上の存在として共に授業を愉しむ。それもまた、教職ならではの愉しみだと思っています。


（引用文献）「ぞうさん」まど・みちお『まど・みちお全詩集』理論社　二〇〇一年

2 「死角」を埋める旅

堀 裕嗣

① 批判的意見を仕分けする

今日、Twitter を眺めていて、「研究授業でいろいろ批判的なことを言われたから、明日からもう学校に行きたくない」という投稿に出会いました。初任の先生のようです。私はこれを見て、幾つかの疑問を抱きました。

第一に、この初任の先生は何を言って欲しかったのだろう。研究授業を褒めてもらいたかったのだろうか。それとも「頑張ったね」と声をかけてもらいたかったのだろうか。批判的なことを何も言われないと思っていたのだろうか。そもそもそんなことがあり得ると思っていたのだろうか。

第二に、その研究授業は批判的なことを言われて落ち込むほどに精一杯の準備がなされたのだろうか。精一杯の準備をしても失敗するのが授業である。そこから自分の準備に抜け落ちていた視点に気づく。それが今後の指標の一つとして自分のプラスになっていく。研究授業に取り組む醍醐味とはそういうものではないのか。

第三に、研究協議に参加した教師の講評だけが取り上げられているが、子どもたちはその授業をどう評価しているのだろう。子どもたちにどう機能したかは、日常的に接している教師にしかわからないものである。子どもたちに機能していたという実感がもてていれば、他の教師から何と言われようとそれほどのショックは受けないものだ。むしろ、私の考えていたことは子どもたちに機能したと自信を抱けることさえある。この初任の先生にはそうした視点も欠落している。

ひと言で言えば、この初任の先生は「現在の自分」にしか目が向いていない。研究授業はおそらく、クライアントに施すプレゼンのようなものとして意識されていたのかもしれません。決して自分の「今後の成長」に向かうものとしては意識されていない。だから研究協議で言われたことのすべてが、一つ一つ衝撃となってズシンと来てしまう。有り難いこととまでは言わないまでも、自分の不備不足としてこれは取り入れよう、これは留保しよう、これは納得できないといった仕分けもできない。すべての批判が「いろいろ批判的なこと言われた」と一緒くたに受け止められてしまっています。

どうしてこうなってしまうのでしょうか。それは穿った見方をすれば、「自分は完成された一個の人間であり、全人的に尊重される権利がある」というようなテーゼに包まれているからではないか、そう思えるのです。もちろん今後、自分が教師として成長することはあり得る。しかしそれはスキルを身につけ、いまより「仕事をまわせる」ようになることであって、「私という人間」は変わらない。求められるべきはスキルを身につけることであって、人間的成長ではない。少し大袈裟に言えばこういうことなのではないかと思うのです。

営業としてのプレゼンなら、そこに人間的成長は求められません。クライアントによる企画や商品の採用・不採用という是非があるだけです。不採用となれば確かに落ち込むでしょう。研究協議で出された批判的意見が、もしかしたらそういうものとして意識されているのかもしれません。しかし、研究協議での批判は、授業者の認識力を高めようとなされる批判です。子どもを見る目、教材を見る目、当日採った指導法の機能度を見る目、そうした認識力を拡大、深化させようとする批判です。しかし、どこか自分の外に「うまくまわせる」スキルがあって、「変わらない私」はそのスキルを身につけていないから「うまくまわせ」なかったと捉えられているのでは、研究協議の意見も伝わりません。そういうことではないかと思うのです。

2 見たくないものも見る

本書での宇野さんとのやりとりにおいて、授業において「教師の主体性」が発揮されることの重要性が何度も話題に上りました。しかし、ここで私たちが言ってきた「教師の主体性」は「動かないもの」として想定されているのではありません。むしろ「教師の主体性」というものは成長の渦中にあるものであり、明日には変化しているものとして想定されています。数年後にはまったく違うものになっていると意識されているものです。従って「教師の主体性」は今日の自分の精一杯の主体性であって、「変わらない私」や「確固とした主体性」の意味で用いられているわけではないのです。

私も宇野さんも既に五十をとうに越えているわけですが、それでも私たちには「自分」というものがまだまだ変容し得るものとして意識されています。「自分の教育観」や「自分の授業観」といったレベルならば、日々更新され続けているという自覚があります。事実本書を執筆する過程においても互いが互いの論理に刺激を受け、思考がぐるぐると回り、新しい境地に至るということが何度もありました。それまで気づいていなかった自分の特性に気づくということも、数えきれないほどにありました。いま私たちは本書を通じて出会った「少しだけ更新された新たな自分」を喜んでいますが、これが「確固とした自分」であり、これで完成されたなどとは微塵も感じていません。ああ、新たな追究課題が生まれたな、と思っているだけです。

人は見たいものしか見ないものです。見たくないものは見えないようにできています。

他人の意見を聞くということは、自分が見たいものしか見ていないということに気づかせてくれます。言わば「議論」というものは、互いの「死角」を指摘し合い、その「死角」に目を向ける今後の自分をつくっていく営みです。従って自分に「死角」があることを認めない者、自分に「死角」があることに気づいていない者は批判されると落ち込みます。私が冒頭の初任の先生を「自分は完成された一個の人間であり、全人的に尊重される権利がある」と揶揄するのもこの一点に尽きます。私が「完成された自分」と呼ぶのは、自らに「死角」があることが意識されていない人間、という意味なのです。残念ながら、「死角」だらけなのにそれを認めない人間を存在として尊重することはできても、その認識を尊重はできません。あなたは自分の「死角」に気づく必要がある。そう指摘される場が研究授業の研究協議なのです。

3 「消費者」感覚から脱却する

一つだけ、「死角」があっても尊重される立場があります。それは「お客様」です。要するに「消費者」です。「消費者」は商品の生産者やサービスの提供者からすれば、対価として料金をいただいているわけですから、「あなたは自分の死角に気づかねばならない」とは言われません。商品の生産者やサービスの提供者は「消費者」を成長させようなどとはまったく考えていませんから、どんなクレームをつけられようと批判的な態度はおくびにも出しません。

「自分は完成された一個の人間であり、全人的に尊重される権利がある」という姿勢を貫けるのは、実は「消費者」だけなのです。それは対価を支払っている見返りに過ぎないものなのです。ところが、教職に限らず、社会人になるということは労働の対価を支払われる側なのです。つまり金を払う側ではなく貰う側です。できるだけ自分の「死角」をつぶしていくことは、より良い商品を開発しより良いサービスを提供するために必須の営みです。それをキャンセルする態度は、社会人には認められていないのです。

それどころか、自分の「死角」に気づき、一つ一つ「死角」を穴埋めしていくと、明らかに成果が実感されるようになってきます。教職であれば、自分の教育活動が子どもたちに機能するようになっていきます。教職を「愉しめる」のは、このサイクルが始まってからのことです。人によって、早くからこのサイクルに溶け込める人もいれば、なかなか溶け込めず時間がかかるという人もいるのが現実なのかもしれません。しかし、一つだけ確かなことは、「死角」を埋める旅は生涯続くのだということです。どうか、若者たちには「教職は魅力がない」などと早合点せずに、このサイクルに手が届いてから判断して欲しいと切に思うのです。

3 教職を愉しむ

堀 裕嗣×宇野弘恵

宇野　教師が「消費者意識」をもち始めたのはいつ頃からなのでしょう?

堀　教師がってことじゃなくて、日本人全体がってことだろうね。消費者クレームが当然となりコンプライアンスが至上命題になってくるのと同時に、ってことじゃないかなと思うけど。まあ、教師の場合は少し遅れて……かもね。

宇野　少なくとも教育は人格の完成を求めてなされるもので、教師を含めすべての人は常に未完成であるということが前提にあるものだと思っていました。だから、教師が自分を「完成された一個人」という認識をもつことに違和感を覚えます。でもこれは、集団に埋没する一人ではなく、個性をもった自立した個人であるということの延長にある意識なのかとも思います。

堀　そういう理屈じゃなくて、「誰もが尊重され承認されるべき」の延長だと思うんだよね。そういうふうに育てられてきたでしょ。「ナンバーワンにならなくていい。もともと特別なオンリーワン」に対して、「なにあたりまえのこと言ってるの?」と感じる世代。それを「完成された人間」と形容しているだけ。

宇野　なるほど。私たちの世代は、まさに集団の中に埋もれないように必死に個性をアピールしていた世代に思います。いまの若者たちは、当たり前に個性は認められ尊重されているのですね。

堀　認められ尊重されるというよりは、必要以上に干渉し合わない態度が堅持されているんじゃないかな。お互いに合わない場合にはそれが一番心地いいよね。でも社会人になるとダメな場合は放っておいてもらえないでしょ。必ず干渉される。まあ、未熟なんだから必ずそういうことになる。そこに起こる軋轢《あつれき》なんじゃないかな。

宇野　それは、結構大きな壁に感じます。いやな人とは距離をとってもいいという教育観は五十年前にはなかったものだと思います。いまの学校はまさに嫌なら距離をとるが主流ですが、堀さんが言うように仕事でそれはできない。その論を教師が子どもに言うのはありだけど、教師が自分に向けると仕事は成立しないですね。

堀　そういうことだね。そしてそれに耐えられない人が増えている。だから干渉されると辞めていく。SNSで愚痴を言う。でも、力量を高めて文句を言われないようになれば、あたりまえだけど文句は言われなくなるわけで。やらなきゃならない仕事が終わらなくて残業しないと回らないのも、力量がないからでしょ。要するに未熟だからだよね。

宇野　先日友人（教師ではない）と話していて、私たちの若い頃はダメだしされたら見返してやろうとかスキルアップしようとかという野心みたいのがあったと思うけど、いまの若い人たちにはそうした野心はないのではないかという話題になりました。「なにくそ！」とやっているうちに仕事の愉しみがわかるのに、その前に諦める。いやな思いをしてまで、あるいはプライベートを割いてまで力量アップしたくない、否定されたら辞めてやるという。これじゃあ、どの仕事についても「仕事の愉しみ」を感じるのは難しいだろうなと思います。

堀　まあ、「見返してやろう」と思わなくても別にいいけど、自分が未熟であることはわかって欲しいよね。先日Twitterで通知表所見の廃止が話題になっていて、若い人が「あんな何十時間もかかって、たいして効果もないものはなくしていい」って言っていて驚いた。僕は三十数人の所見を空き時間一つで書く。そこまで早い人は周りにいないけど、みんな二、三時間で書いているよね。そりゃ通知表所見に何十時間もかける効果はない。でも、二、三時間の労力なら見合う効果はある。それじゃあもう、議論にならないもんね。まずは所見を数時間で書けるように力量を高めて下さいしか言いようがない（笑）。

宇野　見返してやろうはベクトルが自分に向いているので、仕事の方向性としては正しくはないですね。ですが、否定されたことをきっかけに力量を高めようとする意識はあった。通知表所見に何十時間って、そりゃ他の仕事も終わりませんね。少なくとも文章力や段取り力がないってことですから。

堀　あとは「認識力」だろうね。何書いていいかわかんない、から始まる。まあ、宇野さんはそれを「段取り力」に含めているんだろうけど。

宇野　そうですね。日々何を見て何を記憶にとどめ何を記録しているか。つまり、そういうことができるようになって仕事の愉しみって見えてくるのだと思う。仕事の肝がわかった次に、どう効率化しようかとかより適切な見取りをと精度を上げていくところに愉しみがある。

堀　だから現在の「働き方改革」って、「働き方改革」以前のところが障害になっている。普通の力量をもっている人の「働き方改革」なら議論できるけど、最低限の職能をもってない人を対象にしたら、なかなか議論は進まないよね。まず力量つけなきゃ……で終わっちゃう。やっぱり教職を愉しむにも力量って必要だからね。

宇野　では、どうしたら力量形成できるかということになると思うのですが、それを考えることこそが力量形成の第一歩と思います。人に頼るのではなく自分で。教職を愉しむには自分から愉しもうとすることが大前提ですから。

あとがき

　絶対に堀さんは覚えていないと思いますが、私が初めて堀さんと一緒に仕事をさせていただいたのは二〇〇五年のことです。『学級経営力・中学年学級担任の責任（学級経営力を高める）』（明治図書）という堀さんと山田洋一さんが編集した本に執筆させていただく折に、ほんの二、三回メールでやりとりをしました。年齢の話からピンクレディの話題になり「同世代ですね」と確認したことを覚えています。

　その後セミナーで堀さんを見るたびに「堀さんって猛烈にすごくて猛烈に怖い人」と思い、できるだけ近寄らないことにしていました（笑）。一方で、明解で斬新な授業や緻密で先進的な提案に心服してもいました。私にとって高くて遠い堀さんとこうして本を書かせていただけるなんて、人生っておもしろいなあと思います。

　本著の執筆に当たり、約三週間、原稿を送り合ったり対談のためのやりとりをしたりしました。元来私は遅筆で、簡単なことを簡単に書くことしかできません。堀さんのように、広く深い知識も高い視座ももち合わせていません。ですから最初は、何をどのように書くべきかに随分悩みました。堀さんがあっという間にすごい原稿を書き上げて送ってくるのもプレッシャーでした（笑）。

しかし一つ目の原稿が書けた辺りから肩の力が抜け、少しずつ筆が進むようになりました。堀さんみたいに書こうと格好つけず、今自分がもっていることで書こう。背伸びせず、私が書けることを書こう。そう思うだけで随分と楽に書けるようになりました。肩の力が抜けると愉しめるってホントだなって思った瞬間でした。

また、互いの原稿を読み合ったり対談を挟んだりしながら書き進めていくことで、私の中にあった無意識の思考が喚起されました。私の原稿に対する堀さんの見方に慧眼させられたり、堀さんが書くことに刺激を受けて視野が広がったりしました。自分の中に新たな認識や「ことば」が次々に蓄積されていくことを自覚しました。新しい見方や考え方を知ること、自分の中にある無意識に気がつき世界観が広がることは、知的な愉しみであることを実感しました。

教職の愉しみ。それは、この執筆で私が体験したように、肩の力を抜くこと、とにかくやってみること、一人で頑張ってみること、だれかと対話してみることに根っこがあるように思います。こうした気づきをもたらせてくださった堀裕嗣先生、本書を企画してくださった及川誠さんに心からお礼申し上げます。どうもありがとうございました。

文子色の三日月を見上げながら　宇野　弘恵

あとがき

僕と宇野さんは同世代です。彼女の方が僕より三つ下でしょうか。僕らは経験年数も三十年ほどです。ただ、僕は男性で中学校教師、宇野さんは女性で小学校教師。ここに僕らの対照性があります。その意味で、僕と宇野さんに共通する感覚を取り上げれば、それは少なくとも僕らの世代にとっての本質には近づくだろう、そうした思いで本書の執筆を進めてきました。

その意図が成功しているか否かは読者の判断を待つしかありませんが、僕ら自身はとても愉しみながら本書を書き上げました。それは互いに互いの論理に刺激を受けて、それまで考えたこともなかったことを考える機会になったり、自分では気づいていなかった自分の傾向に気づいたりということが、執筆の中で頻繁に起こったからです。僕らがセミナー登壇その他で顔を合わせることが多く、宇野さんは僕の例に挙げた授業を、僕は宇野さんの例に挙げた授業を既に見知っていたことも大きく影響しています。「あの授業にはそういう意味があったのか」「あの実践にはそうした意図があったのか」と感心することも何度もありました。

しかし同時に、僕らはそうした僕らが意図した意味や意義が、それほど大きな影響を与えないこともまた熟知しています。教育というものは「頭」でやることよりも、「心」や「躰」でやることの方がずっと大きいからです。どんな壮大なことを考えて取り組んだ実践だったとしても、それは教師の表情や声、そのとき偶然に発した言葉や思わず出てしまったジェスチャーが子どもに与える機能の方が圧倒的に大きいのです。そしてそれに対する子どもたちのリアクションからまた考え、新たな意図をもち、そこに意味や意義を見出していく。教育活動とはその繰り返しであり、教師の仕事とはその繰り返しです。

その点で本書を書き終えて思うのは、僕も宇野さんも同じことを何度も何度も、手を変え品を変えて語り続けたのだということです。教師の仕事が運命的に纏《まと》っているサイクルを繰り返し繰り返し述べている、そんな本になったという印象です。その意味では、本書は対談はもちろんですが、それぞれの独立した提案においても、割と肉声に近い形で書くことができたなと感じています。

今回も編集の及川誠さんにたいへんお世話になりました。深謝いたします。

迷い道／渡辺真知子を聴きながら……

二〇二二年十二月　自宅書斎にて　堀　裕嗣

【著者紹介】
堀　裕嗣（ほり　ひろつぐ）
1966年北海道生まれ。北海道教育大学札幌校・岩見沢校修士課程国語教育専修修了。1991年札幌市中学校教師として採用。1992年「研究集団ことのは」設立。
［著書］
『必ず成功する「学級開き」　魔法の90日間システム』（明治図書）『教師力ピラミッド　毎日の仕事を劇的に変える40の鉄則』（明治図書）他多数

宇野　弘恵（うの　ひろえ）
1969年北海道生まれ。旭川市内小学校教諭。2000年頃より，民間教育サークル等の学習会に参加，登壇を重ねている。思想信条にとらわれず，今日的課題や現場に必要なこと，教師人生を豊かにすることを学んできた。
［著書］
『タイプ別でよくわかる！　高学年女子　困った時の指導法60』（明治図書）『スペシャリスト直伝！　小１担任の指導の極意』（明治図書）他多数

教職の愉しみ方　授業の愉しみ方

2023年２月初版第１刷刊
©著　者　堀　裕嗣
　　　　　宇野　弘恵
発行者　藤原　光政
発行所　明治図書出版株式会社
http://www.meijitosho.co.jp
（企画）及川　誠（校正）杉浦佐和子・吉田　茜
〒114-0023　東京都北区滝野川7-46-1
振替00160-5-151318　電話03(5907)6703
ご注文窓口　電話03(5907)6668

＊検印省略
組版所　株式会社アイデスク

Printed in Japan　ISBN978-4-18-373526-3